Henri Boulad

STURM UND SONNE

Henri Boulad

STURM UND SONNE

Christus als Stein des Anstoßes in Europa

Aus seinen Vorträgen herausgegeben und aus dem Französischen übersetzt von Hidda Westenberger

OTTO MÜLLER VERLAG

ISBN 3-7013-1174-3

Satz: Media Design: Rizner.at, Salzburg
Druck und Bindung: Druckerei Theiss GmbH, A-9431 St. Stefan

INHALT

KAPITEL EINS

DIE NEUNZIGJÄHRIGE

„Es sind noch Lieder zu singen
jenseits des Menschen"
(Paul Celan)

Meine lieben Freunde, vor einigen Jahren hatte ich in Deutschland ein Erlebnis mit einer intellektuell begabten, aber hoch betagten Dame. Trotz ihrer neunzig Jahre war sie geistig fit und stark und diskutierte mit mir lebhaft über das Gottesproblem. Zudem in einer Fremdsprache, in Englisch. Dabei wollte sie mir den persönlichen Gott ausreden. Von ihrer Tochter war ich gewarnt worden: Achtung, ich möge bitte nicht erschrecken, denn auf Jesus Christus reagiere sie allergisch und auf das Kreuz mit Aversion. Aber, so dachte ich, treffe ich auf meinen Europareisen nicht vielerorts auf diese Allergie?

Der moderne Mensch des Westens, überwiegend im wissenschaftlichen Denken zu Hause, kann irgend eine Gottheit als Zentralbeweger, als ordnende Kraft, als kosmische Grundenergie durchaus bejahen: die Welt wird von einer unerklärbaren Macht getragen und zusammengehalten. Welchen Namen er ihr auch geben mag, sie gewährleistet alle Entwicklung und allen Fortbestand. Darüber stolpert kein Verstand.

Das New Age ist seit geraumer Zeit für diese Haltung symptomatisch. Es bietet Gott als anonymen Weltgeist an, man will in diesem Universalprinzip die gesuchte Kohärenz finden, den Zusammenhang in einem runden Ganzen. Annähernd spirituelle Autoren wie Paul Coelho sind verführerisch, ich selbst lese ihn gern. Und das war auch voll und ganz die Perspektive dieser alten Dame, in der sie ihr Leben lang gedacht hatte, ohne esoterische Bücher zu lesen. Zweifelsfrei glaubte sie an den Großen Geist als eine unpersönliche Kraft hinter den Welterscheinungen. Und streng, sehr streng bestand sie auf dem Wort UNPERSÖNLICH. **„Warum unpersönlich?“** fragte ich. **„Warum persönlich?“** fragte sie.

Einen mechanischen Programmablauf des Weltalls meinen heute viele Menschen anzunehmen, weil man nichts Gegenteiliges bemerkt. Alles ganz von selbst aus sich heraus. Warum, wozu vor allem, sollte diese Kraft persönlich sein? Wie wäre auch ein persönlicher Gott jenseits dieses unpersönlichen Energieflusses je zu rechtfertigen…

Die Neunzigjährige erhob warnend beide Hände und bemühte sich, mir klarzumachen, dass ich Gott verkleinere, indem ich ihn persönlich nenne. Persönliches gehöre nur ins Diesseits, es hat unsere Kleinheit und unsere Unzulänglichkeit. Ein Gott sei davon weit entfernt, er bleibt transzendent, unsagbar, unberechenbar, unfassbar, viel zu groß für unsere Wünsche. In all ihrer sympathischen Aufrichtigkeit warf sie mir immer wieder vor, Gott auf eine irdische Realität zu reduzieren, wenn ich ihn persönlich nenne. Ich kenne das. Bei vielen von uns ist der Personbegriff an die Vorstellung einer Eingrenzung gebunden. Man setzt unbeabsichtigt menschliche Personen vor das innere Auge, so wie man sie kennt und von denen man weiß, dass sie unvollkommen sind. Das ist der Haken.

Dann fragte ich sie: **„Ordnen Sie denn diese Geisteskraft an den Ursprung allen Seins?“ „Aber ja!“** rief sie. **„Ist sie auch der innere Grund aller Dinge heute?“ „Aber ja!“** rief sie wieder. **„So finden wir sie auch in den Atomen, die unsere**

Welt zusammensetzen, und am Ursprung der Vitalenergie, die unsere Natur belebt?" „O ja, so habe ich's mir immer vorgestellt!" „Und auch die Seele, welche die menschliche Person begründet, entstammt derselben Energie?" Sie überlegte und dann nickte sie.

Ich fragte weiter: **„Dann sagen Sie mir bitte, wie kann diese unpersönliche Weltenergie aus sich heraus Persönliches erzeugen? Ein fundamentales Mehr an Wert kann dem Minus nicht entwachsen. Was nicht vorhanden ist, kann nicht gestiftet werden. Wäre Gott kein persönliches Wesen, nur diese unermessliche, aber gesichtslose Kraft, wie könnten aus ihr Personen hervortreten, Personen wie Sie und ich und Ihre beiden Töchter? Die Quelle muss doch dem Fluss entsprechen, der ihr entspringt! Und woher stammt die Liebe? Was ist Güte?"**

Ich glaube nicht, dass ich sie überzeugen konnte. Sie starb zwei Jahre später, und ihre Tochter erzählte mir bewegt von ihren letzten Tagen, an denen das Flüsterwort **„Angst"** zu hören war. Dann aber wurde sie stiller und vermutlich auch gelöst. Mehrfach wies sie dabei an eine bestimmte obere Stelle ihres Zimmers und wiederholte eindinglich immer wieder: **„Ich habe meinen Engel gesehen".** Wie bitte? Das ist aus ihrem Mund unfassbar! Das war ihre Art und Sprache nie gewesen. **„MEINEN Engel"** hatte sie gesagt?... IHREN PERSÖNLICHEN Engel hatte sie wahrgenommen, herausgetreten aus der geheimnisvollen Ordnung des Geistes, die sie allezeit verehrte. Der Geist ist gütig und persönlich erfahrbar, erklärte ich der Tochter.

Man kann Gott gar nicht persönlich genug nennen, das ist Jahrtausende alte Menschheitsgeschichte, wenn auch grundverschieden erlebt. Er ist der zutiefst persönliche **„Abba"** –

die Zärtlichkeitsform des Wortes **„Vater“**. Das lehrte Jesus seine Jünger, die sich erkundigt hatten nach der Gottesanrede, der besten, ihnen hatte das Wort gefehlt, das richtige Wort. **„Abba“** ist sein Name! Denn wäre Gott ein unpersönliches Wesen, dann fehlte ihm das Wesentliche. Sein Wesenskern ist Liebe.

Und nun die Überraschung, die seltsame! Einige Zeit nach dem Tod der alten Dame erreichte mich aus ihrem Nachlass ein handschriftliches Gebet, dem ihre Tochter eine englische Übersetzung für mich beigefügt hatte. Datiert war es zehn Jahre bevor sie starb, also lange Zeit vor unserer Begegnung. Ich werde Sie das deutsche Original hören lassen:

GOTT DER LIEBE – GEIST DER WAHRHEIT,
Du bist unfassbar, aber Du bist.
Allwissend, allmächtig nach Deinen Plänen, allgegenwärtig.
Du sprichst zu mir: „Sei still! Erkenne, dass ich Gott bin,
dein Geist der Wahrheit in dir.“
Geschenk Gottes – unsere Antenne!
Alles was wahrhaftig ist in mir, das bist Du.
Alles was heil in mir ist, das bist Du.
Heilsein. Heilsein. Heilsein.
Durchblute und weite meine Gefäße
und gib dem Herzmuskel, dem treuen, Kraft.
Kraft. Kraft. Kraft.
Ich danke Dir für mein Leben und Deinen Schutz,
so wie es war, so sollte es sein.
Ich habe sehr viel gesündigt in allen Bereichen
und viel Notwendiges Gut-Tun unterlassen.
Wenn Du kannst, so mache mich rein,
schenke mir diese Gnade.
Gestalte mein Verhältnis mit meinen Nächsten harmonisch,
gib ihnen und mir Erkenntnis und Liebeskraft,
lass mich gerecht sein mit ihnen und mit mir selbst.

Verleihe mir wahre Gedanken mit Einsichten ohne Ausreden
und sei es im Unterbewusstsein,
denn sie nisten sich leicht aus Bequemlichkeit ein
und aus Eigenliebe.
Erkenntnis! Erkenntnis!
Geist der Wahrheit in mir, wirke in mir immerdar,
wirke mit mir in allen meinen Wünschen.
Geisteskraft! Geisteskraft! Denkkraft! Denkkraft!
Vor allem schenke mir Liebeskraft, Güte und Geduld.

(Gerüst meines täglichen, flüsternden Betens in vielen Wiederholungen und im Bemühen, Stille in mir aufkommen zu lassen. Bis ich spüre, ganz hineingenommen zu sein, leichter zu werden und hoffnungsvoll)

- Edith -

Ich war verblüfft und erschüttert. Gott liebt und wer liebt, macht sich bemerkbar. Sein Geist arbeitet im Verborgenen und kommt auch dort ans Ziel. So betet ein alter Mensch, der zeitlebens kirchenfern und ohne Bibel gelebt hat, der keiner Sekte angehörte und niemals einen geistlichen Beistand, einen Führer suchte, weil er ihn nicht brauchte. Möge dieser Fall uns allen eine Lehre sein über das geheimnisvolle und sichere Wirken des Geistes in unserer Welt.

Gott muss notwendigerweise ein persönliches Wesen sein, weil seine Schöpfung Persönliches enthält, auch in ihren Bestrebungen. Was aber bedeutet das Wort „persönlich"? In der Weisheit der alten Dame, so wie sie mir dargelegt wurde, verfügt eine Person über Gesicht und Gestalt, die ihre Identität beschreiben. Ein Gott, der diese fassliche Identität besäße, wäre kein Gott, davon war sie überzeugt. Nein, nicht dieser ungeheure Geist, an den sie glaubte und den sie den GEIST DER WAHRHEIT nannte. Trüge er ein Gesicht, dann wäre er begrenzt wie wir und könne nicht ALLES sein. Damit Gott aber Gott ist, muss er ALLES sein.

Was nun? Versuchen wir es mit dem großen Menschheitspuzzle? Erhalten wir das Gottesantlitz in dieser lückenlosen Schau? Nein, ganz sicher nicht, weil es durch den Identitätsverlust der Einzelgesichter einer Auflösung im Anonymen gleichkäme. Keine unterschiedlichen Charaktere und Geschlechter mehr, keine Altersstadien, kein Hinweis auf das Ensemble unserer Kulturen und Philosophien, alles würde zu einem unausdeutbaren Massengesicht verblassen und als großer Niemand schnell verschwinden.

Sagen wir aber JA, Gott hat ein Gesicht, dann nähern wir uns dem Geheimnis der Inkarnation, denn sie führt als Spur dorthin – zur realen Gottesperson, zu seinem persönlichen Wesen. Auch unter uns Menschen sprechen wir vom „Gesicht" und meinen das Innere. Gesicht zeigen heißt: sein Wesen offenbaren. Und wer vom „Gesicht verlieren" spricht, meint sicher nicht die Fassade. Selbstverständlich spiegelt auch das Gesicht Jesu nicht das Gesicht Gottes in unserem Sprachsinn wider. Außerdem hat er sich männlich inkarniert, nicht weiblich, und Gott ist beides. Und weil das Feminine die Hälfte der Menschheit ausmacht, ist wohl anzunehmen, dass beide Aspekte in Gottes Gesicht zu finden wären – wenn wir es fänden! **„Gott schuf den Menschen nach seinem Bilde als Mann und Frau"**. Hinzu kommt, dass Jesus von Nazareth Vertreter nur einer Rasse war, er kam in diese Welt als Palästinenser und nicht als Japaner oder Afrikaner.

Gott hat SEIN Gesicht in der Multiform unendlich vieler Wesen GANZ. Und wenn es sich uns Menschen zuwendet, dann offenbart es sich am persönlichsten in der Nähe der uns Nahestehenden. Gottesähnlichkeit und Gotteszärtlichkeit im

Zentrum unserer menschlichen Beziehungen! Im strahlenden Gesicht des Freundes, der Geliebten, der Mutter. Ebenso stark kann das Erkennen im stillen Gebet geschehen, ja, ebenso stark in dieser intensiven Beziehung zur anderen Ordnung. Da lässt sich der Beter zeitweise „enthäuten“, um Gott zu spüren.

Der mystische Beter wird das immer wieder versuchen, denn er ist ein Liebender. Er weiß so sehr, die historische Person Jesus Christus kann in ihrer verehrenden Rückwärtsschau zum Hindernis werden für die entscheidende Begegnung heute. Eine deutliche Verklammerung im Geschichtlichen war sicher nicht das Anliegen Jesu gewesen, weil es darum nicht geht. Erklärte er den Jüngern nicht, dass es gut für sie sei, dass er sie bald verließe? Bis heute wird diese Warnung vielfach übergangen. Nein, er hat uns angehalten, ihn jenseits seiner einstigen physischen Gegenwart zu suchen, seine persönliche Präsenz hingegen im heutigen Alltag der Menschen.

Persönlicher Gott oder unpersönlicher Geist? Im interreligiösen Dialog unserer Zeit, besonders mit den asiatischen Religionen, steht diese Frage sperrig im Raum und oftmals überschattet sie jedes Gespräch. Der Atman des Hindus z. B. und das für mich heikle Konzept des Nirwana bezeichnen eine radikal unpersönliche Gottheit. Da bin ich wieder bei meinem Gespräch mit der furios diskutierenden Neunzigjährigen und will Ihnen sagen, dass sie in altersbedingter Geschwindigkeit buchstäblich hochfuhr aus ihrem Sessel, als ich zum fleischgewordenen Geist – Christus – hinlenken wollte. **„Bitte nein! Nicht das! Vor allem nicht das noch – Christus!“**

Eine gescheite Europäerin saß vor mir, eine getaufte Christin, doch fern der Lehre. Jetzt wurde mir endgültig klar, dass sie sich ein Leben lang geweigert hatte, die Christusgestalt überhaupt zu denken. Ihre resolute Abwehr war mir nicht fremd, bin ich doch in Ägypten geboren und erlebe dort seit einem halben Jahrhundert im Dialog mit unseren Muslimen nichts anderes. Ihr erschien die Menschwerdung Gottes derart absurd, dass sie keinen Ton darüber hören wollte.

Liebe Freunde, mögen wir niemals vergessen, dass denkende Menschen wie sie sich auf zweierlei Weisen Christus nähern, um ihm letztendlich anzugehören, bewusst oder unbewusst, explizit oder implizit. **„Ich bin die Wahrheit und das Leben"** sprach Christus, und der GEIST DER WAHRHEIT unserer alten Dame war ihr Christus ohne ihn zu kennen. Von der alten Kirche unter Heilsversprechen ernst genommen, wurde einst nur der klar Bekennende. Mit dem Zweiten Vatikanischen Konzil (1962-1965) hat sich das grundlegend geändert, Deo gratias! Seitdem hören wir die freundlichen Priesterworte vor der Kommunionfeier im vierten Hochgebet, bei dem **„für alle Verstorbenen"** gebetet wird, **„deren Glauben niemand weiß".**

„WER BIST DU, JESUS VON NAZARETH?" ... Das ist die Kernfrage, vital und unumgänglich, ewig lebendig im Herzen der Christenheit, und es ist dieselbe Frage, die Jesus vor 20 Jahrhunderten seinen Jüngern gestellt hatte: **„Was sagt ihr, wer ich bin?"** Wäre er nur ein herausragender Weiser, ein Prophet, ein religiöses Genie, seine innere Person aber nicht dieses unsagbare Geheimnis von metaphysischer und metahistorischer Ordnung, dann interessierte er uns kaum. Wenn Christus kein Gott-Mensch und daher nicht diese ontologische Brücke zwischen dem Göttlichen und dem Menschlichen darstellte, dann verlöre er seine Bedeutung.

Clemens von Alexandrien (150–216) sprach zu den Philosophen seiner Zeit über den ewigen Logos, der immer gegenwärtig sei, und er spürte, dass schon vor der Inkarnation unbewusst an ihn geglaubt wurde. Wie ist das möglich? Es ist möglich aufgrund innerer persönlicher Gotteserfahrungen gepaart mit der philosophischen Vernunft. Daher nenne ich die griechische Philosophie ein vorangegangenes Evangelium, weil sie Hinweise auf die kommende christliche Offenbarungsreligion enthielt. Im Johannesevangelium war dann vom Licht die Rede: **„In ihm, Christus, war das Leben, und das Leben war das Licht der Menschen“**. Dieses Johanneswort gibt uns den Weg frei zur impliziten Offenbarung und Erfahrung des Logos für jeden Menschen, für jeden, der je in diese Welt gekommen ist, der heute in ihr ist und der noch kommen wird.

Auch unsere alte Dame! Ihr Großer Geist des Weltalls, an den sie mit solcher Ehrfurcht glaubte, ist der Gottesgeist der Philosophen, Anaxagoras nannte ihn „Nous“ und verstand ihn als den Grund allen Seins, den Gott aller Zeiten und Kulturen. Es war der Gott des Plato und des Aristoteles, der Gott des menschlichen Verstandes – bis hin zu Allah, dem „je größeren Gott“ (Allah akhbar). Dieser allgemeine Weltengott wird als eine unendlich starke und ewige Macht definiert und in seiner Transzendenz hoch verehrt. Ihn möchten heute auch viele Europäer akzeptieren und nichts weiter, dieser macht gerade noch Sinn.

Ein Gott hingegen, der sich als schwacher und bedrohter Mensch gezeigt hat, markiert einen Riss in ihrem glatten Denken, einen schlimmen Bruch. Ein inkarnierter Gott? Die Unlogik selbst! Ein Gott zum Vergessen, ein Hirngespinst! Nur Phantasten oder Betrüger können diese Story in die Welt gesetzt haben. Und wenn, für den Allmächtigen soll es keinen Platz gegeben haben, um geboren zu werden? Wo ist seine Macht? Der Unendliche soll sich unserer Schwäche in Maß und Gewicht angepasst haben, so dürftig und bedürftig wie wir? Wo ist seine Größe? Der Ewige soll dreiunddreißig Jahre bei uns herumgezogen sein, bevor er an einem Kreuz gescheitert ist? Wo ist seine Weisheit?

Liebe Freunde, unsere Verstandesintelligenz hat zwei Gesichter. Bei rascher Betrachtung agiert sie auf den Feldern des Intellekts mittels rein zerebralen Verstehens. Dieser Prozess läuft horizontal und ohne Ende, denn wir haben das Kausalprinzip von Ursache und Wirkung. Die andere Art, etwas zu verstehen, läuft vertikal. Hier kommen das Gefühl und die Intuition zum Zug. Wenn aber der Verstand nicht im Einflussbereich der Intuition zu arbeiten bereit ist, dann bleiben seine Ergebnisse mangelhaft. Unsere Gedanken enthalten zumeist zwei Elemente, ein intuitives Element, das ins Innere drängt, um zu inspirieren, und ein diskursives, das seinen Weg auf möglichst breiter Ebene bahnen will. Dabei bemerkt es nicht, dass es sich bald im Horizontalen verliert und vom inneren, geheimen Licht nicht mehr erreicht wird. Jeder Gedanke, der meint, ohne Herzensintelligenz, ohne diese geistige innere Führung auszukommen, irrt. Es geht um die Beziehung zwischen Spiritualität und Verstandesdenken, zwischen Mystik und Wissenschaftsglaube, zwischen Philosophie und Kontemplation.

Jeder Christ, als noch unverständiges Kind getauft, muss eines Tages seine Religion bewusst erwerben wollen und sein Amen unter diesen Fragenkomplex setzen. Dann wird sich seine Gottesbeziehung im Lichtreflex einer ganz anderen Logik als der des rechnenden Verstandes grundlegend ändern. Deshalb sprach ich gleich in meinem ersten deutschen Buch „Die Vernunft des Herzens" fortwährend von der Logik der Liebe, die eine andere ist…

Den französischen Philosophen des 17. Jahrhunderts, Blaise Pascal, nenne ich den ersten Existentialisten der Moderne, denn er hat die reine Logik des Christentums mit dem Finger berührt. Er war wie Paulus und viele andere von einer Erleuchtung jählings überfallen worden, und die Wahrheit brannte in ihm unaufhörlich weiter. Sein Gotteserlebnis nannte er daher die Feuernacht. Dieser außergewöhnlich begabte Intellektuelle, ein Wissenschaftler und Denker, dessen Format in der Menschheitsgeschichte nur dünn gesät ist, hatte losgelassen. Er überschritt in dieser Nacht sein Ego und sein eigenes Denksystem, um sich einer reinen mystischen Erfahrung zu überlassen, dem persönlichen Gott in der Gottesperson Jesus Christus. **„Sicherheit, Sicherheit! Jesus Christus … und nicht der Gott der Philosophen und Gelehrten!“** Persönlich wahr. Persönlich nah.

Damit war sein Leben umgeworfen. Fortan kniete er und pflegte Kranke in seiner Nähe und verteilte seinen Besitz unter die Armen. Seine intimen Lebensgewohnheiten kehrte er von innen nach außen, von oben nach unten, von einem Ende zum anderen, weil er der Liebeslogik des christlichen Geheimnisses folgen wollte. Pascal hatte die Selbstaussagen der Christusperson restlos verstanden. Nun lernte die Welt ihn kennen in seinen brillant geschliffenen Wortformulierungen, die uns jährlich auf Kalenderblättern und Spruchkarten begegnen oder in den Fußnoten aller wichtigen spirituellen Werke Europas. **„Das Herz hat seine Gründe, die der Verstand nicht kennt“** ist vielleicht sein berühmtestes Wort.

Ich frage mich, wie groß mag wohl die Zahl christlicher Theologen sein, die Mengen guter Schriften verfassen, Gott aber noch niemals persönlich erlebt haben. Sie haben ihn redlich in Ehrfurcht durchdacht, keine Frage, aber bestes intellektuelles Tun ist nicht identisch mit einer religiösen Erfahrung. Das hat uns Pascal gelehrt. Andererseits gibt es demütige Menschen, die weder lesen noch schreiben können und doch wissen sie, wie eine Gottesgegenwart sich anfühlt. Demut zieht Gnade an.

Meine lieben Freunde, wer vor dem Kreuz in die Knie sinkt, betet DIE WAHRHEIT an. Dabei muss er im Kopf keine Dogmeninhalte abrufen, oder sich mit Schutzbarrieren gegen den Zweifel ausstaffieren. Nein, er soll sich nur hineingleiten lassen in das ihm verkündete christliche Geheimnis und sich einlassen auf Gott. Mehr nicht. Dann endet sein Fragen, denn die Wahrheit wird zu ihm kommen. Und noch etwas, das eminent wichtig ist: Wenn er glaubt, dann glaubt er auch in Stellvertretung für jene, die es nicht, noch nicht, oder nicht mehr vermögen.

Christlicher Glaube ist kein rationaler Schritt, den wir setzen, er ist auch kein irrationaler Schritt. Er kommt aus einer anderen Dimension auf uns zu, wenn wir nach ihm verlangen. Dann wächst er jenseits des Rationalen und des Irrationalen und manifestiert sich allein auf der existentiellen Ebene in unserer Erfahrungswelt. Vergessen wir nicht, dass damit alles begann: Buchstäblich, wortwörtlich ist der menschgewordene Gott des Alls seinen Zeitgenossen in Palästina zur urpersönlichen Erlebniserfahrung geworden, von der sie uns Kunde geben.

Glaubenskrise heute? Dass die traditionelle Glaubenspraxis mit all ihren Schattenseiten und Unklarheiten als Erbstück aus Jahrhunderten heute unumwunden hinterfragt wird, halte ich für gut. Es stimmt mich optimistisch für die nahe Zukunft. Der getaufte Christ informiert sich weiter, trotz seiner Taufe. Er denkt selbst nach, forscht und vergleicht. Das blind übernommene Glaubenspaket kommt für ihn nicht mehr in Frage. Sein geistiger Blick, so erlebe ich es in Europa, ist in signifikanter Weise weit geworden und so aufnahmebereit wie kaum zuvor. Jetzt geht es um den bewussten, persönlichen Glauben, das aber wird oft missverstanden. Mit stark polemischem Unterton wird diese aufrechte Suche als Glaubensvakuum interpretiert, das lässt sich wohl nicht verhindern. Alles ist in Bewegung. Wir sind unterwegs in eine ganz neue Zeit spiritueller Praxis. Der kommende Glaube wird reiner sein, ehrlich erworben, persönlich vor allem.

Dabei wird er im Innersten zielgerichtet auf Christus bleiben. Und wir werden entdecken, dass Mystik und Religion nicht zu verwechseln sind! Hat die Moderne nicht aus ihrer wissenschaftlich-rationalen Sicht die andere Seite der Dinge verdunkelt, die der Innerlichkeit und der mystischen Tiefe? Die Mystik führt uns letztlich in diese heilige Dimension der Wirklichkeit hinein, sie lässt uns Göttliches kosten im Weltgeschehen wie im persönlichen Alltag, in unseren Beziehungen, bei unserer Arbeit und im Beobachten der Natur. Ohne den mystischen Blick bliebe die Welt seelenlos und unverstehbar und die Geschichte eine anonyme Maschinerie.

Auch das Christentum bliebe ohne Mystik eine wohlorganisierte Institution, die eines Tages erstarren könnte in ihrem schönen Kleid und im Gezäune der unzähligen Rechtsparagraphen. Es ist daher dringend an der Zeit, die reiche christliche Mystik Europas wieder zu entdecken und neu zu beleben, damit die äußere Glaubenspraxis von innen her ständig befruchtet und erleuchtet werde. Das Höchste, das einer menschlichen Existenz widerfahren kann, ist die liebende Anschauung des Daseins in der Gewissheit des Göttlichen.

Wie unterscheidet man das Heilige vom Profanen? Meine Antwort kommt sehr schnell: Überhaupt nicht! Indem wir glauben, dass dieser Unterschied in Christus aufgelöst wurde! Aber im gedämpften uralten Licht alttestamentlicher Tempelzeremonien lebt diese unselige Trennung in unseren Köpfen noch immer. Bis heute glauben Christen, Heiliges muss innerhalb von Kirchenmauern vollzogen werden und dafür braucht es einen Priester und eine edle Liturgie. Vollkommen richtig. Tragisch falsch wäre es nur, wenn man das Leben der Menschen „draußen" in all ihrer Liebe und Arbeit, mit ihrer Kunst, ihrer Kultur und ihrer fröhlichen Freizeit „nur profan" nennen würde.

Christus kam und zerschlug mit jedem seiner Worte diese unsinnige Trennmauer. Als er am Kreuz sein Leben aufgab, wurde die gesamte Welt durchflossen von seinem Wesen, seinem Licht. Alles Geistliche und alles Menschliche wurde zusammen geheiligt. Dietrich Bonhoeffer hat das immer wieder aufgezeigt und, selbst Geistlicher, der geistlichen Welt ins Gewissen geredet. Er warnte vor dem Verhängnis der Verfremdung dieser beiden Bereiche, denn bald könnten sie einander nichts mehr zu sagen haben. Dann wünschen sich die einen Christus ohne die Welt und die anderen eine Welt ohne Christus. Jene aber, so befürchtete Bonhoeffer, die aktiv und gleichzeitig in beiden Sphären leben möchten, befinden sich im permanenten Konflikt mit ihnen wie mit sich selbst. Und das werden sehr viele sein, so seine ahnende Besorgnis.

Alles, aber wirklich alles mündet in die Frage nach dem Glaubensgrund. Was hat der Gekreuzigte für uns getan? Er hat das teils furchterregende Gottesbild korrigiert und uns die grenzenlose und bedingungslose Gottesliebe verkündet. Er hat allen Menschen offenbart, dass sie Gotteskinder sind und damit die fundamentale Existenzfrage aller denkenden Menschen WOHER KOMME ICH? WER BIN ICH? WOHIN GEHE ICH? beantwortet. Sinn und Ziel der Inkarnation waren nicht nur die dringende Notwendigkeit, das Existenzdrama im Akt seiner Menschenliebe zu teilen, sondern zugleich jedem einzelnen seine göttliche Abstammung und sein Aufgehobensein in der Vaterliebe zuzusichern.

Schon die Inkarnation sagt: „Meine Gottheit geht jetzt auf dich über". Wenn Christus als eine der drei Personen der Dreifaltigkeit der endlos weit von uns entfernte Gottessohn geblieben wäre, was hätte er uns bringen, was uns sagen, was beweisen können? Sein irdisches Leben hat unser ganzes Konzept vom Menschsein völlig verändert. Und sein Kreuz ist das Zeichen schlechthin, dass wir einen Liebesgott haben, dass er demnach verwundbar ist, dass er mit uns leidet. Das Christentum stellt die absolute Revolution des Gottesbildes dar, vom allmächtigen zum zeitweise ohnmächtigen, vom fernen und zugleich ganz nahen Gott. Das Kreuz ist die letztgültige Logik im christlichen Glauben. Ohne das Kreuz könnte ich nicht an Gott glauben.

„Ist doch die Torheit Gottes weiser als die Menschen" schreibt Paulus an die Korinther, und **„mein Reich ist nicht von dieser Welt"** sagt Jesus selbst zu Pontius Pilatus. Die Logik eines Liebesgottes folgt anderen Bahnen und diese führen weit, sehr weit, sie führen zum Verstehen solcher Torheiten wie Inkarnation und Kreuzestod als reine göttliche Liebestaten. Das ist die christliche Offenbarung. Das Angebot ist gemacht, die Tür steht offen, man tritt ein oder nicht. Und wer nicht eintritt, schließt sich selbst von dem aus, was ihm verheißen wurde. Kein anderer tut ihm das an, kein anderer trägt schuld. Für uns, allein für uns wird Gott Mensch und geht sich selbst dabei verloren, wir nennen es die KENOSIS (griechisch „kenose" – Entleerung), die Selbstaufgabe Gottes. Sein Niedergang, seine Selbstverleugnung wird zur logischen Geste. Weil hier die vollkommene Liebe handelt, wird diese Geste zur fundamentalen Notwendigkeit.

Hier sind wir bei dem leicht entflammbaren Thema der Wertegleichheit, bei der schon mancher Theologe die Nerven verlor. Aber, entweder ist Gott reine Liebe zu Mensch und Schöpfung, dann will und muss er auf seinen himmlischen Frieden verzichten und sich bedingungslos engagieren. Oder Gott bleibt unveränderlich und unantastbar in seiner Majestät unendlich fern von uns bestehen, dann fehlt ihm das Liebesattribut und damit seine wahre Göttlichkeit. Seien wir unbesorgt, diesen Gott gibt es nicht. Der wahre hat sich uns erreichbar gemacht, er ließ sich finden. Und mit tieferem Verstehen erkennt man ihn gegenwärtig unter uns im Krebskranken, im gebrechlichen Alten, im stillen Sterbenden oder im Ärmsten der Armen. Er löst sich für uns auf und ist oft der dem Nichts Gleichende. Ein Liebesgott muss ein Gott der Kenosis sein, der seinen göttlichen Abstand verschwinden lässt, um uns Menschen auch durch dunkelste Zeiten zu tragen. **„Er nahm Knechtsgestalt an und wurde dem Menschen gleich"** (Paulus an die Philipper).

Der Islam preist von seinen Minaretten fünfmal täglich die Größe und Stärke Allahs, des **„noch immer größeren Allahs"**, und das hören unsere arabischen Christen alle Tage. Und sie denken, ja, bedingt ist das wahr! Bedingt, denn es fehlt uns Gottes Selbstaufgabe im persönlichen Liebesengagement, sein Gott-mit-uns, der Emmanuel. Den einen die Erfüllung ihrer Sehnsucht, den anderen reine Blasphemie. Diese Klippe können wir im Dialog sehr schwer umschiffen.

Lesen Sie den Mystiker der Sahara, liebe Freunde, Charles Foucault. Auch er war auf der existentiellen Suche nach dem verborgenen Gott und um diesem in der Stille näher zu kommen, wählte er ein kärgliches Eremitendasein in der Wüste. Und doch litt er am schmerzenden Kompromiss dieser viel zu schwachen Annäherung. Vermutlich erging es Foucault wie mir zur Weihnachtszeit. Ich wage in diese erbärmliche Krippe kaum hineinzuschauen, um diesen Liebesgott zu betrachten. Den Grund aller Dinge und Wesen selbstverloren und ausgeliefert an uns wankelmütige Menschen! Den Höchstvollkommenen in seiner Armut und Blässe und Kleinheit so ungeheuerlich verändert, dass die Hirten vom Engel der Geburtsnacht auf den Schock vorbereitet werden mussten: **„Glaubt uns, der Retter ist wirklich da! Aber er liegt in einer Futterkrippe, das ist das Zeichen."** Ja, das ist SEIN Zeichen. In der Weihnachtsnacht feiern und ehren wir nicht Gottes Macht und Glorie, sondern seine schwindelerregende Güte und Barmherzigkeit – sichtbar, hörbar, berührbar. Jetzt zeigte er uns sein ganzes Gesicht.

Lesen Sie vor allem Paulus, meine lieben Freunde, immer wieder diese Briefe ohnegleichen! Besonders die ersten beiden Kapitel des ersten Korintherbriefes, sie enthalten die vollkommene Liebeslogik des christlichen Mysteriums. **„Die Juden fordern Wunder, die Griechen suchen Weisheit. Wir hingegen verkündigen einen Christus, den man gekreuzigt hat: den Juden zwar ein Ärgernis, den Griechen eine Torheit, doch allen, die berufen sind, ob Juden oder Griechen, Christus als Gottes Kraft und Gottes Weisheit."** Wer in Jesus von Nazareth nur den weisesten aller Weisen und den heiligsten aller Heiligen sieht, der ist noch keinen Schritt weiter, der hat noch nicht einmal begonnen.

Zwar werden wir auf Christus hin getauft, sakramental wirksam bis ans Ende unserer Tage und darüber hinaus, dennoch heißt es, voll Stellung beziehen, wenn wir herangereift und selber denken können. Da gibt es kein Ausverhandeln eines Kompromisses und auch kein stählernes Muss, wir tun es freien Schrittes oder lassen es. Die bewusste Verwerfung und das Sich-Entfernen erleben wir heute vermehrt in Europa und nennen es eine Christophobie. Und sie ist mir als Nichteuropäer unerklärlich! Denn jedes andere Gottesbild als das christliche wäre mir suspekt. Warum dann überhaupt von Gott reden, wenn sein Liebesdrama am Kreuz unerwähnt bleibt?

Ich brauche keinen anderen Beweis als einen Gott, der sich kreuzigen lässt. Wenn er die Liebe ist, dann wird er auch den bittersten Kelch zur Gänze leeren und seinen Karfreitag bestehen. In seiner vollkommenen Selbstaufgabe ist Gott glaubwürdig. So konnte sich die Tür zur Menschheit öffnen, ganz öffnen, einladend öffnen: **„Ich bin die Tür, wer durch mich eingeht, der wird gerettet werden"** lesen wir im Johannesevangelium, Kapitel 10. Deshalb erklärte die Kirche ihn zum Pontifex, zum Brückenbauer, er hat die Gotteswelt zur Menschheit hin überbrückt, durch diese geöffnete Tür, die er selber ist. Traditionell sagt man, **„er hat uns heimgeholt"**.

Der Apostel Johannes erwähnt sie mehrfach, diese Gnadentür unserer Erlösung, durch die der Logos der Welt sich in Menschengestalt unter uns Menschen bewegte. Deshalb feiert die Menschheit Weichnachten auch nicht zu knapp. Die Gnade der Gottesoffenbarung ist jetzt erkennbar und sinnlich erfahrbar. Gott wurde zum Weg ohne Hindernis, jetzt kann das ganze Gold des Gottesglanzes auf uns überströmen, wenn es durch diese Christustüre fließt und vorurteilslose Herzen findet, einen offenen Menschengeist. Jedoch, der Himmel wirbt um **„Arbeiter im Weinberg"**, es werden Mitarbeiter am Gottesreich gebraucht, denn der geheimnisvolle Erlösungsprozess ist geschichtlich noch im vollen Gang.

„Ein Beispiel habe ich euch gegeben" mahnte er. Inwiefern ist Jesus das Vorbild des Menschen? In eben dieser doppelten Öffnung „nach oben" zu Gott hin und „nach unten" zu den Mitmenschen, allezeit bereit, die Fülle Gottes aufzunehmen, um das Empfangene an möglichst viele Menschen weiter zu reichen. Ohne langes Zögern, ohne Kalkül, ohne Zweifel. Das ist Nachfolge und das ist Mystik! Ein Mystiker ist kein Exot, der in seiner Andersartigkeit geheimnisvoll mit Gott zu tun hat, im ekstatischen Liebestaumel, und sonst nichts. Wenn man den Mystiker nicht bei seiner sinnvollen Zuwendung zu den anderen entdeckt, auf welche Art auch immer er sich engagiert, dann lebt dieser keine echte Mystik. Mystisches Leben spielt sich immer in dieser Doppeldimension ab, nach beiden Seiten offen, das ist Nachfolge Christi, das ist Beispielfolge.

Von vielen missverstanden, bei den meisten unbeliebt, ist der Begriff des Ego-Todes. Schwer, sehr schwer tatsächlich, aber unumgänglich, und hier zählt bereits der erkennende Wille und der kleine Ansatz. Er wird gelohnt werden, denn hinter dieser Schwelle können authentische Jesuserfahrungen gemacht werden. Christus wahrhaft lieben bedeutet, seine Erfahrungen zu den eigenen machen. Worin aber besteht der Unterschied zwischen einem mystischen Menschen und Jesus auf seinem irdischen Weg?

Der mystische Mensch geht seinen langen und steinigen Weg, um sein Ego abzubauen, um reiner, heller, gottähnlicher zu werden. Ein lebenslanges Bemühen, fürwahr, bis zur Todesstunde wird er damit nicht fertig werden, der Rest ist Gnade. Für Jesus gab es keinen Abbau, er war ego-frei. Keine Rückschläge, kein banges Warten, er war am Anfang schon im Ziel. Frei lebte er die restlose Öffnung „nach oben“ zu Gott hin und ebenso „nach unten“ zu den Menschen hin. Das ist der veritable Unterschied. Ego-Abbau für uns bedeutet Selbsterfahrung im sehr ernsten Sinn – ganz sicher nicht erlernbar in den heute angepriesenen Wohlfühl-Seminaren einer Wellness-Kultur, die viel verspricht und wenig halten kann. Sie lockt in eine andere Welt und führt sehr oft ins Nirgendwo. Vergleichen wir mit ihr die Exerzitien der Jesuiten, diese waren nie ein Wohlfühl-Seminar mit Ego-Trip.

Was man die Auferstehung Christi nennt, bezeichnet dieses Anheben des ganzen Menschen auf die göttliche Ebene, denn mit ihm gemeinsam stehen wir auf. **„Gott ist Mensch geworden, damit der Mensch Gott werde"** sagte ein koptischer Patriarch im 7. Jahrhundert, Anastasius von Alexandria – überall wird dieses Wort seitdem zitiert. Durch seine Auferstehung wurde Christus zur Seele aller – in einer beiderseitigen nie versiegenden Sehnsucht. Das New Age spricht es nicht in Worten aus, meint es aber: Es nennt diese Seele nicht beim Namen, ahnt jedoch, wovon es spricht. Fortwährend führt es in seiner spirituellen Sprache den Begriff der „Weltseele". Diese ist Jesus Christus, der Pantokrator des Universums.

Zugleich geschah im Moment der Auferstehung der Wandel vom Geschichtlichen ins Übergeschichtliche. Ein Himmels- und ein Weltereignis also, das alle Grenzen sprengte, auch den Rahmen der Geschichte, in die Jesus hineingeboren war. Jetzt drang er endgültig in ihr Zentrum an ihren innersten Punkt – schöner gesagt: ins Herz der Menschheit. Dort wollte er ankommen ... **„es ist vollbracht"** – sein letztes Wort am Kreuz – das Ineinander von Menschlichem und Göttlichem war erreicht!

Und wo begegnen wir ihm heute? In seinem größer und größer werdenden Mystischen Leib! Seine Vollgestalt wird Christus erst verwirklichen können, wenn zur Endzeit der Zusammenschluss aller Menschen in seiner Person vollzogen ist. Nur der Mystische Leib als wahre innere Einheit wird den ganzen Christus ausdrücken können, seine Fülle, seine Schönheit, seinen Reichtum.

In meinem deutschen Buch „Der Mystische Leib“, basierend auf Osterexerzitien in Alexandria und Kairo, hat mich dieses Thema sehr beschäftigt. Jesus führt in seiner Person und durch sie die verstreute Menschheit in sich selbst zusammen, um diesen einzigen Leib heranzubilden, den Mystischen Leib der Endzeit. In ihm verlieren wir als Einzelne keineswegs unsere Identität und Originalität, wie das vermutlich in Asien gedacht wird, im großen Vergessen und Aufgehen im All. Ganz im Gegensatz dazu, glaubt der Christ an seine Überpersonalisierung, die er im Überbewussten erlebt. Sein Persönlichkeitsbewusstsein gewinnt eine heute unvorstellbare Steigerung und Klarheit.

Wir bleiben ganz wir selbst. Kein Partikel von Ihnen und kein Partikel eines Menschen, den Sie sehr lieben, kann vom Weltgeist verschluckt werden, weil dieser Weltgeist die PERSÖNLICHE LIEBE ist. Nein, wir erleben unsere „Aufnahme in den Himmel“ wie Maria, die uns voranging und den Weg für uns ebnet. Maria, eine aus unserer Art und doch Gott am nächsten durch ihr radikales Offensein für ihn, für den Geist und für uns. **„Janua Coeli“ (Pforte des Himmels)** lautet einer der unzähligen Mariennamen.

Jetzt geht es um die Globalisierung auch im Geistigen, es geht um die Vereinigung unserer Welt mit dem Endziel der Einswerdung aller im Mystischen Leib – Christus. Er hält alles in seiner Hand **„bis zum Ende der Zeiten“.** Das immer dichter werdende Kommunikationsnetz erzeugt bei vielen, insbesondere bei der Jugend, ein brennendes Mitteilungsbedürfnis. 400 Millionen Menschen sind angeblich in der Internetplattform FACEBOOK vernetzt und lächeln einander zu. Unterschwellig erkenne ich hier das Verlangen zu lieben und geliebt zu werden. Eine Vorahnung des Mystischen Leibes? Dieser atemlose Daueraustausch setzt bildende Kräfte frei, sehnsuchtsvoll wird Neues in der zeitlichen Ferne werden, eine transparente, sich einen wollende Menschenwelt. Globalisierung auch im Psychischen.

Hier grüßt jemand aus der Vergangenheit: Pierre Teilhard de Chardin (gest. 1955), der französische Paläontologe, Evolutionsforscher und Ordensgeistliche. Wir besitzen seine faszinierende Synthese, welche diese organisch-geistige Entwicklung visionär beschreibt und als innersten, verlässlichen Motor die LIEBE erkennt. Ich gehörte vor 50 Jahren zu seinen ersten überzeugten Lesern in Paris und empfehle ständig sein Werk „Le phénomène humain" (in Deutsch „Der Mensch .im Kosmos", München 1949). Heute endlich lassen sich immer mehr nachdenkliche Europäer von diesem grandiosen Ausblick auf unsere Zukunft inspirieren, Menschen, die sich auf solider Suche nach der erhofften Kohärenz befinden. Teilhard führt den Suchenden zum CHRISTUS UNIVERSALIS.

Schon beim deutschen Philosophen Hegel schien das Licht auf einen positiven Ausgang der Geschichte, weil sich der „Absolute Geist" (Hegel) kristallisieren und zur Fülle und Vollendung führen würde. Solche Prozesse gefallen den Europäern: es geht um ein klares Prinzip geistiger Reifung, ausgerichtet auf ein großes Ziel. Es sind logische Denksysteme, die den Verstand aktivieren. Der abstrakte Zugang imponiert.

Welches Licht aber wirft der Glaube auf diese Entwicklung? Ein farbensprühendes, strahlendes Licht! Paulus, dieser intellektuell und zugleich mystisch Begnadete sah vor zwanzig Jahrhunderten schon eine sich einende Menschheit voraus, den sich aufbauenden Leib. Wie konnte er das? Er konnte es, weil er Christus verstanden hatte. Dann schrieb er unaufhörlich seine Briefe – an die Römer, die Korinther, die Galater, die Kolosser, die Epheser, die Philipper, die Thessalonicher, die

Hebräer und an einzelne Mitstreiter. Wir können diese Dokumente nicht oft genug lesen.

In seinem ersten Brief an die Korinther schreibt Paulus: **„Durch den einen Leib wurden wir in der Taufe alle in einen einzigen Leib aufgenommen, Juden und Griechen, Sklaven und Freie, und alle wurden wir mit dem einen Geist getränkt." „Ihr aber seid der Leib Christi und jeder einzelne ist ein Glied in ihm."** Unfassbar diese Intuition und dieses durchdringende Verstehen gleich zu Beginn! Paulus erkannte unsere Welt im geistigen Entwicklungsprozess, er hörte in ihrem Innern das pochende Herz und spürte wie es seine volle Gestaltung und Vollendung ersehnt. **„Denn die ganze Schöpfung wartet sehnsüchtig auf das Offenbarwerden der Kinder Gottes. Auch die Schöpfung soll von der Sklaverei und Verlorenheit befreit werden zur Freiheit und Herrlichkeit der Kinder Gottes"**, schreibt er an die Römer.

Eine Welt in Erwartung also, die uns zuruft: Verwirklicht und vervollkommnet euch, erfüllt eure Berufung, ein jeder die seine! Jeder von euch ist mein Projekt und meine Zuversicht als Gotteskind, jetzt und in der Ewigkeit! Sehnsuchtsvolles Erwarten ist immer gut, doch nicht genug. Gott und Welt erreichen ihr Ziel nicht ohne unser Mittun, wir sind Mitschöpfer Gottes. Im Wissen freilich, dass das endgültige Heil in Christus schon erwirkt wurde. Aber unsere Menschheitsgeschichte ist die schrittweise Aktualisierung dieses Heils. Durch uns einzelne Menschen muss es im Namen des Freiheitsprinzips noch unterschrieben werden, durch jeden handelnden, denkenden und liebenden Menschen muss es noch hindurchlaufen, um sein Endstadium zu erreichen und bei Christus anzukommen. **„So sollen wir alle zur Einheit im Glauben und in der Erkenntnis des Sohnes Gottes gelangen, damit wir zum vollkommenen Menschen werden und**

Christus in seiner vollendeten Gestalt darstellen", schrieb Paulus an die Epheser.

Dieser an uns gerichtete Appell heißt immer wieder HINWENDUNG ZUM ANDEREN. **„Das Leben hat Wert nur durch seinen Wert für andere"** schrieb der visionäre Weltpolitiker Dag Hammarskjöld vor ein paar Jahrzehnten in sein Tagebuch. Alle Kleinlichkeit ablegen, sich ausdehnen aufs Ganze. Nur in der Dimension des Ganzen bildet sich der Zustand der Fülle heran. Stichwort „Paradiesesfülle". Dag Hammarskjöld war Mystiker und Generalsekretär der Vereinten Nationen. Er wusste, ein soziales und politisches Engagement im Hier und Jetzt ist die Vollendung des mystisches Weges und kein Spaziergang über den Wolken. Der echte Mystiker pflegt bewusst Bodenhaftung und verfügt über eine sehr klare Vision von Welt und Mensch. Heute ist die mystische Dimension der Gesellschaft für die Politik wichtiger denn je, sonst fehlt es ihr an der großen, tragenden Vision.

„Paradiesesfülle"... Der kommende Mensch, der einst in dieser Fülle lebt, wird ein anderer sein. Die lange Zeit des Machtpokers, der Lügen und des hohlen Zaubers ist überwunden, die neue Menschheit dann mit sich versöhnt. Dieser Omega-Mensch existiert bereits geheimnisvoll und ist uns zeitlichen Wesen der ferne Pol, der uns anzieht. Teilhard de Chardin nannte ihn den PUNKT OMEGA, den Christusleib. Kein Künstler, kein Papst, kein Heiliger wäre jemals in der Lage, so viel Wunderbares zu benennen, das uns erwartet. Paulus prophezeite es den Kolossern mit den Worten **„was kein Auge je gesehen und kein Ohr je gehört und was in keines Menschen Herz gedrungen ist..."**.

Oh, dieses flüchtige Erleben des Sinnlichen und dieses unerklärliche Verlöschen! Und doch schreibt Paulus von der

Unvergänglichkeit der Liebe. Eines Tages werden wir voll bewusst INEINANDER leben und einander ganz durchdringen. Das ist die wirkliche Liebeserfüllung, die von allen Paaren seit Menschengedenken als die ewige Ekstase geahnt und gesucht wird und die es Liebenden immer unmöglich macht, an den Tod zu glauben. Wir kennen in den Zeiten der Liebe das Verlangen der vollkommenen Einswerdung, hätten aber dieses Sehnen nicht in uns, wenn es diesen stillen, fernen Pol nicht geben würde. Noch ist er ein blasses Licht, das wir zwar empfangen, aber nicht begreifen.

Christophobie in Europa… Ich kehre zurück zu unserer Neunzigjährigen und sehe sie wieder, wie sie sich sträubte und mir partout nicht abnehmen wollte, dass Gott ein persönliches Wesen sei und gar mit dem Gesicht des Jesus von Nazareth – zu einer bestimmten Zeit, an einem bestimmten Ort unserer Geschichte. Aber gerade in diesem Gesicht finden wir uns alle wieder. Es empfängt jeden, es durchdringt alles. Denn der Christus-Logos ist der Bauplan der Welt, eine Art Infrastruktur der inneren Welt, er trägt sie und er entfaltet das immer junge Leben der Schöpfung. Wir wissen auch, dass wir Jesus und damit das Gesicht Gottes selbst in Medienbildern aus der Ferne, die uns ständig ins Haus gestrahlt werden, erkennen können. Er ist immer auffindbar. Auch sein Gesetz in uns lebt, so wie er es gesagt hat: **„Ich habe mein Gesetz in euer Herz geschrieben“**. Was wollen wir noch mehr, um an seine personale Nähe zu glauben?

Die Wahrheit für den Einzelnen besteht darin, diese Weltwahrheit vernünftig zu verstehen und sie sich persönlich zueigen zu machen, denn er muss seinen Menschenlogos mit dem Weltlogos in Übereinstimmung bringen. Es geht um die dynamische Wahrheit, die getan werden muss und nicht nur vorzüglich beschrieben und gelehrt. Man muss sie kommen lassen und sich in Demut auf sie einstimmen. Das ist existentielles, spirituelles Leben. Der Mensch ist insofern immer unterwegs.

Die Wahrheit! … Insofern bevorzugte unsere außerkirchlich glaubende Neunzigjährige den unpersönlichen, reinen Geist als kosmische Urkraft, den sie immerhin den **„Geist der Wahrheit“** nannte. Das ist vollkommen recht, nur eben nicht alles. Bei weitem nicht alles! Unser Christentum führt weiter, bietet mehr, bietet alles. Seine Botschaft ist nicht auszuloten und doch ganz persönlich an jeden von uns gerichtet und kann, wenn man willens ist, mit der Herzenslogik unschwer erkannt werden. Ehren wir das wissende Suchen der Agnostiker, Gott kennt ihren Glauben, kennt ihre Zweifel …

Die Wahrheit, die in der Menschwerdung Person wurde, ruft uns in eine persönliche Begegnung. Ich ende mit einem Wort der von mir sehr geschätzten französischen Dichterin, Mystikerin und Sozialarbeiterin Madeleine Delbrêl (gest. 1964), die mit dem persönlichen Gott niemals Probleme hatte: **„Das Evangelium ist kein Buch unter anderen Büchern, sondern eine Begegnung von Person zu Person, ein wahres, inniges, konkretes Herz zu Herz.“**.

KAPITEL ZWEI

ABSURDES THEATER

„Gott vergisst uns nie, wir sind es, die ihn vergessen, das ist unser Elend“
(Mahatma Gandhi)

Meine lieben Freunde, der Glaube ist nicht absurd, der Unglaube ist es. Seit zwanzig Jahren komme ich nun regelmäßig für diese Vorträge zu Ihnen nach Österreich und Süddeutschland und noch immer erstaunt mich die hohe Anzahl von Domen, Kirchen und Klöstern. Aber auch von einfachen Holzkreuzen oder bunten Bildstöcken plötzlich am Feldrand oder in den Wäldern, wenn ich mich zur Mittagszeit in dieser wunderbaren Landschaft ein wenig erhole. Dann sage ich mir, dass dies alles wohl auch Touristen aus nördlichen Gegenden nachdenklich stimmt, aber um wie viel mehr berührt es mich aus dem islamischen Ägypten! Überall sprechen Glockentürme und Kreuze ihre eindringliche Sprache, wie immer ihre Aussage auch aufgenommen wird.

Aber ich reise auch in europäische Megastädte der Gottvergessenheit. Dort blüht bestenfalls die religiöse Diversität in freizügiger Selbstbedienung und die unmissverständliche Ablehnung christlicher Praxis bewegt jeden Priester in seinem Innersten. Wächst hier der Zweifel an Kirche und Klerus oder ist es ein Glaubenszweifel? Wird christlicher Glaube nicht mehr als sachdienlich erachtet? Gilt auch hier eine Art Kosten-Nutzen-Bilanzierung? Wie dem auch sei, das Ausbleiben christlicher Praxis wäre die Tragik Nummer eins für Europa. Sollte sie keine Relevanz mehr im modernen Alltag haben, dann hätte das unabsehbare Folgen. Und ich frage mich immer wieder: wann wird sich die Kirche zu einer endlich verständlichen und lebensnahen Sprache entschließen? Wie lange noch will sie warten? Worauf wartet sie?

Viel zu schnell will man im heutigen Europa eine grundsätzliche Entchristianisierung wahrnehmen, begründet durch die Statistik einer **„Massenflucht aus den Kirchen“** (Medienjargon) – und das ist ein Trugschluss. Doch bedauernswerter Weise setzt die Kirche zu leichtgläubig moderne Gegenmaßnahmen, um Abtrünnige zurückzugewinnen. Leichtgläubig nenne ich zuweilen die Methodik, die sie unserer Eventkultur absieht. Auch einmal hip and cool für ein paar Stunden, für ein paar Tage. Grundsätzlich aber will man den altehrwürdigen Kult nicht verlassen. Ich ehre diesen Optimismus und finde darin auch einen rührenden und ernsthaften Glauben, doch sind solche Anstrengungen so gut wie umsonst.

Den sonntäglichen Stil aller christlicher Kirchen, ob katholisch, evangelisch oder orthodox, mit Beharrlichkeit am Leben zu erhalten, verbraucht große Energien, die man ganz anders einsetzen müsste. Der Stil der nahenden Zeit wird ein anderer sein. Hören wir denn nicht den klaren Ruf? Warum fehlt es an innovativer Courage, Neues zu riskieren, das der tiefgreifenden gesellschaftlichen Veränderung und einer längst anders gestalteten Mentalität gerecht wird? Und dem ganzen Umbruch, in dem sich unsere Christenheit befindet. Warum werden prophetische Signale immer wieder gelöscht? Schon 1962 mahnten Karl Rahners kühne Worte: **„Wir leben in einer Zeit, in der es einfach notwendig ist, im Mut zum Neuen und Unerprobten bis zur äußersten Grenze zu gehen…“** Bis zur äußersten Grenze! Inzwischen ist ein halbes Jahrhundert vergangen. Wie ist das möglich?

Der Papst rückt ins Blickfeld – und der Papst polarisiert. Wie aber soll es die Zentrale in Rom der ganzen Welt recht machen, bitte sagen Sie mir das. Die einen sind den konziliaren Erneuerungen abhold, schon eine Mini-Reform lässt Alarmglocken schlagen, weil sie angeblich das Volk verunsichere und seinen Glauben schwäche. Den anderen bleibt Rom nach ihren Wahrnehmungen stehen, **„Reformstau und Rückwärtsgang"** (Medienjargon) empören. Geradezu unvorstellbar sind die Probleme des kleinen Mannes in Weiß, Oberhaupt von nunmehr weit über einer Milliarde Katholiken in den unterschiedlichsten Kulturen, Entwicklungen und Mentalitäten der Erde. Wie soll er die Extreme von ultra-konservativ bis liberal links-außen je versöhnen? Das ist vollkommen unmöglich und wird doch ständig von ihm verlangt. Die mediale Dauerschelte halte ich deshalb für unangebracht.

Aber die Lage ist ernst. Mir geht es für Europa um einen neuen Verkündigungsstil, dieser ist unumgänglich. Und wenn dieses Wunder geschehen sollte, dann hoffe ich, die ersehnten Veränderungen sind nicht kosmetischer Natur, denn das Dilemma betrifft die ontologische Ordnung. Also kann man gar nicht tief genug ansetzen. Der heutige Mensch will sich frei im Geistigen bewegen, selbstbestimmt und nicht fremdbestimmt, das ist sein Recht und auch seine Pflicht. Die Kirche wird ihn nicht mehr maßregeln und unter schwärzesten Androhungen bis in sein Jenseits verfolgen, das ist Geschichte, traurige Geschichte! Doch kann sie ihn auf seinem menschlichen und spirituellen Wachstumsweg sinnvoll begleiten. Und dabei halte ich sie für UNENTBEHRLICH.

Wie schrecklich possessiv und autoritär die alte katholische Kirche einst war, das erlebte ich selbst zu Genüge. Was aber einst gut und vielleicht notwendig war, kann sich später ins Gegenteil kehren. Seit langem ist Selbstentfaltung angesagt,

Europa ist geistig autonom. Und doch versucht es die Kirche, einzementiert in ihr Schema, immer wieder auf die alte Weise, ohne erkennen zu wollen, wie ernst die Lage wirklich ist. Wann wird sie ihre heutige Rolle darin sehen, den Laienchristen mit Klugheit und Weisheit zu helfen, ihre eigene Identität zu entwickeln? Die Krise ist ernst, sehr ernst. Und weil sie schon vor vielen Jahrzehnten begann und wir damals mit einem weltoffenen Papst gesegnet waren, leitete dieser 1962 die rettenden Schritte ein, gemeint ist das Zweite Vatikanische Konzil unter Johannes XXIII. Wieso aber muss dieser inspirierende Ansatz bis heute ständig neu verteidigt werden? Gerade hat man mir ein Zitat des angesehenen deutschen Bischofs Franz Kamphaus übersetzt, eine Äußerung an seinem Silbernen Bischofsjubiläum: **„Viele, die heute von der alten Kirche träumen, haben keine Ahnung davon, wie sie aussah. Dahin sollte sich weiß Gott niemand zurücksehnen."** Hören wir nicht aus den Reihen der besten katholischen Geistlichen das Trauerlied von der Rückwärtsschau? Und wem nützt diese Nostalgie? Ein hartnäckiger Blick zurück birgt immer das Risiko endgültigen Erstarrens wie es trotz deutlicher Warnung der Frau des Loth erging. Überhört die Kirche diesen biblischen Ruf?

Aus der europäischen Presse entnehme ich mir weniger Meinungen als Fakten, so aus der FAZ vom 11. 9. 2008 zum Thema Umwidmungen, Verkäufe oder Sprengungen von Gotteshäusern beider Konfessionen. In der Stadt Frankfurt betraf es 15 und in der Diözese Essen 100 Kirchen. Ihre weltliche Nutzung schafft Museen, Altenheime, Sparkassen, Diskotheken, Supermärkte, Kindergärten, Hallenbäder und anderes. Ein absurder Theater – oder mehr?

In Holland werden aufgegebene Kirchen auch für Betriebsfeste vermietet und ähnliches. Eine „Umnutzung" heißt es dann. Mit Trauer denke ich auch an das „Umfunktionieren“ holländischer Kirchen in Moscheen, wovon ich seit Jahren höre. Der komplette Kirchenverkauf ist spektakulär. Laut einem Bericht aus Brüssel (M. Leidenfrost) gibt es im Süden Hollands eine Maklerin, die sich auf Kirchen und Kapellen spezialisierte und mit 900 Verkäufen prahlt. Dabei findet sie das schön, wie schnell es bei den reformierten Kirchen über die Bühne geht, weil die Gemeinden selber entscheiden, während es bei katholischen Kirchen eine langwierige diözesane Prozedur bedeutet, bis der Bischof den Vertrag unterzeichnet. Nicht wenige Bischöfe, so heißt es, ziehen aber anstelle von Verkauf und „Umnutzung“ den Abriss vor. Und die Prognose des Politologen Carsten Frerk, die Situation in Deutschland betreffend, lautet: **„Bis 2040 werden zwei Drittel aller Kirchen aufgegeben sein, das ist pragmatisch, denn wo kein Bedarf ist, schließt man nach dem Marktgesetz Filialen.“** In Holland zumindest stehen schon in den nächsten Jahren 2000 Kirchen zur freien Verfügung.

Gewiss spielen in dieser Tragödie die verschiedensten Faktoren ihre Rollen, doch bin ich sicher, dass einer von ihnen die blutleere Verkündigungssprache unserer Kirchen ist. Man wartet. Und was bekennen inzwischen die Statistiken? Müssen noch mehr Taufchristen abwandern, um sich verstehbare Antworten auf existentielle Fragen anderweitig zu beschaffen? Existenzfragen verlangen immer nach spirituellen Zusagen und diese werden heute in einer Riesenpalette neuer Gemeinschaften blumenreich versprochen.

So treibt der Hunger suchende Christen in esoterische Zirkel verschiedener Art, wahrgenommen von Unzähligen als die neue Religion. Man glaubt an dies, man glaubt an das, man glaubt an alles. Es gibt dort auch die aufdringlich apokalyptische Note und es gibt die schlüpfrigen Gebiete der okkultreligiösen Szene. Man glaubt an Dämonen, an einflussnehmende gute und böse Geister, nur nicht an das Kreuz unserer Erlösung. Und zum nahen, liebenden und wartenden Gott geht man immer weiter auf Distanz, weil man sich selbst verunsichert hat.

Dann reibe ich mir die Augen und sehe doch nicht klarer. Befinde ich mich wirklich im aufgeklärten, intellektuellen Europa, geprägt von der Kultur der Renaissance, wo die kritische Vernunft und das analytische Denken erwachten und nun einer simplen Vereinfachung und Besorgnis erregenden Leichtgläubigkeit das Feld räumen? Denn in dem Maße, in dem hier Getaufte ihre christliche Tradition über Bord werfen, öffnen sich ihre Sinne für viele dubiose Dinge und – auf höherem Niveau – für alles, was aus Asien hereinströmt. Überall finde ich Zeichen dieser vergnügt vagabundierenden Spiritualität. Entsprechend der Nachfrage werden im Namen der Toleranz und des Dialogs Hunderte von Seminaren angeboten und nahezu in Ehrfurcht besucht. Und die Kirchenplätze bleiben leer …

Man würde meinen, die materielle Überversorgung – trotz Wohlstandsüberdruss und psychischer Unzufriedenheit – ließe die Menschen mit allem brechen, was geistige Anforderung heißt, um sich einzig dem Hedonismus und seinen diversen Glücksversprechungen hinzugeben. Das funktioniert nicht, denn die existentielle Leere in ihnen wächst und wird bewusst oder unbewusst selbst in der zeitgenössischen Kunst sichtbar. Mir hat ein Wort des welt- und kunstverständigen Grazer Bischofs Egon Kapellari gefallen: **„An der zeitgenössischen Kunst kann man ablesen, wie spät es in der Welt ist."** In Summe: mit dem Glaubenszweifel ist ein gefährliches Vakuum entstanden, das ansaugt, was immer sich ihm bietet.

Ich nehme einen Stift und lasse ihn fallen – Gesetz der Schwerkraft. Der einfache Weg. Lassen Sie sich als ganzer Mensch gehen, dann fallen Sie in sich selbst zurück. Echtes Leben aber ist Aufbruch, Auftrieb, Aufstieg ohne Ende. Echtes Leben züngelt empor wie eine Flamme. Materie dagegen verharrt in sich selbst und auch wir Menschen, obwohl Geistwesen, sind an die Schwerkraft gebunden. Die Gefahr des gegenwärtigen Europas liegt hier. Alles soll leicht gehen und angenehm dazu. Alles geht leicht. Alles muss schnell erreicht werden. Optimale Bequemlichkeit und immer noch Steigerungen des Wohlbefindens ohne wahres Ziel. IHRE KINDER STERBEN DARAN. Sie sterben, weil ihnen alles ermöglicht wird, leicht und schnell. Wenn Sie ihre Kinder lieben, dann drängen Sie sie zur Tür hinaus für einen Sozialeinsatz im tiefen Afrika!

Jemand sagte mir zum Thema spirituelles Desinteresse: **„Das Hindernis ist der Wohlstand und die Mammonisierung Europas. Leid ist unbeliebt. Wie soll unsere Jugend den gekreuzigten, gescheiterten, verlassenen Christus überhaupt noch wahrnehmen, verstehen oder gar verehren?"** Umgekehrt geht es: der junge Mensch will sich mit allen Mitteln vor jedwedem Kreuz schützen, er verdrängt diese Vorstellung. Gar kein Gedanke daran, auch noch freiwillig ein Kreuz auf sich zu nehmen, etwas aufzuopfern für welche Sache auch immer. Das Kreuz wird verneint und höchst gemieden. So etwa meinte es eine meiner Hörerinnen. Das Kreuz wird gemieden, weil es verständlicherweise unverstanden ist. Die Wahrheit kann aber auch ganz anders greifen: **„Das Kreuz ist nichts Unmenschliches, sondern etwas Übermenschliches"** (Teilhard de Chardin).

Wenn Sie Ihrem Kind den besten Liebesdienst erweisen wollen, wenn Sie ihm zu spirituellen Erfahrungen verhelfen wollen, dann lehren Sie es beizeiten das Geben und vor allem das Sich-Geben, denn das birgt bereits eine spirituelle Erfahrung. Selbstlosigkeit muss praktisch gelernt werden, am eigenen, nackten Leib sozusagen und im Extremfall durch ein entbehrungsreiches und nicht unbedingt risikofreies Engagement unter den Armen. Diesen bitteren Geschmack soll der Mensch frühzeitig kennen lernen und dabei auch bluten können.

Dann begreift er beizeiten das innere Wesen der Liebe, der Menschenliebe, der Nächstenliebe, der Partnerliebe. Und später können Sie Ihrem Kind getrost hinzufügen: Nun weißt Du aus Erfahrung etwas über den christlichen Gott. Auch er hat einmal seinen Ort gewechselt und seine gewohnte Wesensgestalt, um sich an unserer Seite zu engagieren, damit unser Los verbessert werde.

Der Geist ruht nicht. Es regen sich gute Kräfte im Volk. So höre ich vom deutschen Philosophen Peter Sloterdijk ganz in meinem Sinn von den **„Verwöhnungstreibhäusern"** und vom **„Makro-Egoismus der Konsumgesellschaft"** sprechen, weshalb er eindringlich und unverzüglich zu einer **„weltumfassenden Bescheidenheitsaskese"** aufruft. Sehr sympathisch! Und auf spiritueller Ebene erfahre ich, dass sich immer mehr Gleichgesinnte im Internet zusammentun. Keine Lammfrommen, aber keineswegs unreligiös sind diese Seelen! Vielleicht hat im Westen die postsäkulare Zeit schon zu blühen begonnen. Religion als Suchbewegung in der Sehnsucht nach authentischen, geistigen Erfahrungen. Die christliche Glaubenssituation ist nicht fatal. Man entdeckt wie in fast allem Düsteren auch eine helle, eine andere Seite.

Lassen Sie mich hier drei Gründe nennen, die man für die gegenwärtige Krise verantwortlich machen kann. Ich nenne einen **THEOLOGISCHEN**, einen **PSYCHOLOGISCHEN** und einen **MYSTISCHEN** Grund.

Am ersten, dem **THEOLOGISCHEN Grund**, habe ich als Priester alle Tage zu leiden. Ich sagte es schon und ich werde es immer wieder sagen: Es schmerzt zu erleben, dass für immer mehr Menschen die bisherige Kirchensprache eigentlich tot ist, zumindest ist sie eine weltfremde Fachsprache, die nichts als langweilt. Also bleibt man fern. Ich verstehe es gut, bin aber machtlos. Die alte Formelsprache mit ihrem festen Dogmenanspruch hat mit den heutigen Existenzfragen rein gar nichts mehr zu tun. O, wie geschickt ist Jesus mit seinen Zeitgenossen umgegangen! Er sprach in ihren eigenen Bildern und Empfindungen und nicht mit der trockenen Zunge der Schriftgelehrten in ihrer unverständlichen Paragraphensprache. Aber es geht mir hier nicht nur um Wörter, sondern ebenso um Begriffe. Denn längst, längst ist man in Europa so weit, gewisse Konzepte wie Erbsünde, Teufelsangst und Fegefeuer nur noch zu belächeln. Dem Ausräumen fallen dann auch die heiligsten und ewigen Wahrheiten zum Opfer: Die Inkarnation, die Erlösung, die Eucharistie. Das Schlimmste aber, das ich als Priester in Europa erlebe: man hat überhaupt keine Fragen mehr.

Für den zweiten, den **PSYCHOLOGISCHEN Grund**, habe ich ein persönliches Plädoyer, ein Versuchsmodell zur Neugestaltung der Pfarrgemeinden: Sie müssen vor allem menschliche Gemeinschaften sein, kleine lebensfreundliche Orte des Verstehens, des Mitgefühls, aber auch des regen intellektuellen Austauschs! So war das Ganze am Ursprung gedacht und das war erfrischend und fruchtbringend für alle. Heute können Pfarreien in europäischen Großstädten nur noch formelle Beziehungen anbieten, der rasche „Friedenskuss" während der Messe wärmt die Gemeinde nicht auf. Ich sprach mit einem

Pfarrer, der in seiner Kartei 16.000 katholische Gläubige führt. Wie soll ein Seelsorger 16.000 Menschen persönlich kennen, geschweige denn geistlich betreuen? Sie bleiben eine anonyme Masse, die von einer Bürokraft registriert, durch deren Computer läuft und das ist schon alles. Und wenn man wegen des Priestermangels zwei oder drei Pfarren zusammenlegt, wird alles noch zwei- oder dreimal schlimmer.

So geht es nicht weiter. Mein Alternativmodell wäre das folgende: Man zerlege diese genannte Pfarre in 160 Mini-Pfarren zu je 100 Gläubigen. Aber woher die Geistlichen nehmen, werden Sie fragen. Selbstverständlich bekommt jede dieser 160 Pfarren einen Geistlichen – einen geweihten Diakon mit vollgültigen Rechten und umfassenden Pflichten. Beruhigung bitte, denn kurz über lang wird VIRI PROBATI (Weihe von bewährten, verheirateten Männern) kein Aufregerthema mehr sein. Desgleichen die Wiederkehr des weiblichen Diakonats. Wiederkehr sage ich als Ägypter, weil Diakoninnen in unserer ägyptischen Kirche bis ins zehnte Jahrhundert etwas ganz Normales waren, man lasse sich von Texten und Darstellungen aus der altkoptischen Kunst überzeugen. Sie waren engagierte und geachtete Helferinnen im christlichen Apostolat. Möglicherweise führt der erschreckenden Priestermangel in Europa schon früher zu solchen Maßnahmen, als wir das derzeit glauben können. Nehmen wir nur die Zahlen aus dem großen Deutschland: Im Jahr 1989 gab es dort noch 297 Neupriester, 1990, nur ein Jahr später, waren es 139 und im Jahr 2008 gerade noch 93.

Und bitte, in den neu geschaffenen Kleinpfarren dieses Modells über alle Nächstenliebe und Freundschaften hinaus den theologischen, den intellektuellen Bildungsaspekt nicht vernachlässigen, sonst sähe ich rot! Bitte nicht nur Kaffee und Kuchen! Warum sagte Augustinus, **„die Eucharistie ist das**

Sakrament der Menschheit“? Solche Fragen müssen gestellt und gemeinsam ergründet werden, und auch die aktuelle Lehrbotschaft der Sonntagsmesse will nachträglich gut ausgelotet sein – zum Verständnis aller Anwesenden! **„Je mehr du verstehst, umso besser kannst du glauben“** mahnte ein großer Mystiker, der Spanier Ramon Llull. Ein vergnügt praktiziertes Christentum ohne theologischen Aufwand ist kein brauchbares Christentum. Das wird sich immer erweisen. Ein Glaube, der leben will, ruft nach Verstehen und vernünftigem Erfassen des Mysteriums. Dann erst bekommt er ein Gesicht. Es gibt auch den gesichtslosen Glauben.

Solche Leben schaffende Kreise werden sich mehren wie Ringe nach dem Steinwurf im Wasser. Gastfreundliche kleine Gemeinschaften zur Beheimatung Suchender und zum größeren spirituellen Wachstum aller. Selbstredend auch mit gewissen Strukturen, die den Mitgliedern den notwendigen Zusammenhalt sichern. Das Zielwort „spirituelles Wachstum“ unterstreiche ich nochmals doppelt und dreifach. Andernfalls, wenn der Mangel an Spiritualität zunimmt, steigt die Orientierungslosigkeit und mündet in dunkle Gassen selbst unter praktizierenden Christen. Wissen Sie, dass die Abtreibungsrate in Europa im Schnitt besagt, dass jedes achte Kind zum Tode verurteilt wird?

Das kirchliche Leben der nahen Zukunft, so meine Voraussage, wird vom Gottesvolk neu erfunden werden. Mit Interesse vernehme ich, dass es in Österreich derzeit vier Laieninitiativen gleichzeitig gibt, teils umstritten, alle hoch engagiert. Folglich befeuern sie auch den medialen Wirbel – und das ist gut so. An der Basis wird jetzt überraschend Neues versucht. Angesichts der schweren Krise ist vieles einen Versuch wert und vieles erlaubt.

Und der dritte Grund für eine geschädigte Glaubenssituation; es ist der **MYSTISCHE Grund**, die **MYSTISCHE DIMENSION DES KATHOLIZISMUS**, die seit langem sträflichst vernachlässigt wird. Es gibt sie, sie lebt, aber sie führt ein Katakombendasein. Eine übermächtige Institution lässt dem Charisma nur wenig Raum und am wenigsten allem mystischen Tun und Sagen in Lehre und Verkündigung. Katholizismus wird gleichgesetzt mit diesem gigantischen Apparat weltweit, er frappiert als bestgeführte multinationale Gesellschaft und erstaunt sogar die islamische Führung, die seine Methodik als lehrreich studiert. Aber es weht von der römischen Zentrale her kein mystischer Atem.

Das ist folgenschwer, denn dieses Manko verhindert die Einwurzelung des Glaubens in die persönliche Erfahrungswelt der Gläubigen. Ergebnis: die institutionelle Kirche erscheint den Besten und Ernsthaftesten als zunehmend veräußerlicht. Das ist faktisch fragwürdig, aber so wird es wahrgenommen und so auch in guten Medien diskutiert. Dem Gläubigen fehlt etwas, er möchte tief und vollständig hineingenommen werden in etwas ganz anderes und über den edelsten Kult noch weit hinaus. ES FEHLT DIE LEBBARE MYSTIK. Und so fragt er sich, ob das, was die Kirche ihm bietet, wirklich alles ist. Es geht um die SEHNSUCHT NACH TRANSZENDENZ, die eine mystische Erfahrungswelt bieten würde, doch die er nicht finden kann, weil sie zugedeckt ist. Ich bin ganz sicher, dass sich viele wunderbare Christen deshalb vom Christentum verabschiedet haben.

Worin besteht der Unterschied zwischen Glaube und Mystik? Ich würde sagen, der Glaube sei Darstellung und Ausdruck theologischer Sachverhalte, die man hörte, lernte, sakramental empfing und denen man vertraute, über die man sich austauschte und so weiter. Die Mystik ist etwas ganz anderes, zumindest eine wesentliche Zugabe, eine sehr wesentliche. Sie ist die lebendige Gotteserfahrung, nichts weniger als das! Ein Glaube, der nicht mystisch ist, besäße letztlich nur reines Gedankengut, vieles davon abstrakt. Diesen eher formellen Glauben würde ich aber als nicht real bezeichnen, weil er mit der inneren Gotteswirklichkeit nicht korrespondieren kann. Hier liegt für mich einer der Gründe der heutigen Glaubenskrise – in dieser Abwesenheit mystischen Lebens mit seinen kostbaren Erfahrungswerten.

Ich war sehr erstaunt zu erfahren, dass ein neues mystisches Licht sogar im Jemen zu glühen beginnt. Im tiefen Islam! In der Stadt Tarim gibt es die islamische Universität Dar al Mustapha, stark international besucht, welche die Mystik voll ins Programm nimmt. Zum Leidwesen der Radikalen. Aber mutige Sufis versuchen, sich gegenüber der offiziellen Lehre zu behaupten, die den mystischen Islam als Häresie brandmarkt. Mystiker wissen um den Brennpunkt in der Wesenstiefe des Menschen, der die überbordende Existenzfülle aufleuchten lässt, sodass es hell wird in ihnen, sehr hell. Sie empfinden diesen Punkt als Quelle des Seins – Gott ist diese Quelle, der alles entfließt und Gott wird erkannt! Eine innere Offenbarung. Wer sich entschließt, mystisch zu beten, mystisch zu denken, mystisch zu lieben, wird von innen her sehen und verstehen lernen. Diese Perspektive in einem immer neu aufflammenden Licht, das ringsum auch andere mit erfasst, ist wirklich eine innere Offenbarung.

Für mich ist es die Existenzfülle, die vom Menschen erlebt wird. „Fülle" – dieses Wort liebe ich in diesem Kontext über alles! Fülle und Erfüllung. Und deshalb schließt man in diesem Zustand unbeweglich die Augen und tritt außerhalb allen Zeitgefühls. Kein Raum mehr für zusätzliche Bedürfnisse, man will nur diese Stille, diese vollkommene innere Ruhe, um sich dieser Fülle zu überlassen. Und die geschlossenen Augen erleben nicht die Dunkelheit, sondern die überirdische Helle, das innere Licht. Meister Eckhart hatte authentische Gotteserfahrungen, er wusste, was im Innern dann geschieht: **„Es gibt eine Hitze und ein Aufblühen des heiligen Geistes, darin die Seele Gott liebt."**

Viele dieser kleinen, asiatisch geprägten, spirituellen Kommunitäten, die man so reich im heutigen Europa findet, bieten den mystischen Zugang, bieten das, was in der offiziellen Kirchenpraxis verloren ging, die Suche nach dem verinnerlichenden, mystischen Licht und ganz ohne Verweis auf ein festgeschriebenes Dogma dahinter. Der Kirche ist das nicht entgangen. Hier hat sie erstaunlich schnell auf die Zeichen der Zeit reagiert und zeigte sich aufnahmebereit. Bestimmte spirituelle Techniken wie die buddhistische Zen-Meditation oder indische Yoga-Praktiken nahm sie rasch in die Programme ihrer Bildungshäuser auf. Diese mögen durchaus hilfreich sein, zumindest vertragen sie sich mit bestimmten Gebets- und Meditationsformen aus der überlieferten christlichen Glaubenswelt. Freilich, eine Technik ist eine Sache, der Gottesglaube eine andere. Hier muss klar unterschieden werden. Ich kenne treu praktizierende Katholiken, die seit Jahren daheim im Lotos-Sitz jene speziellen Techniken üben und glücklich mit ihnen sind. Meinen Segen bekommen sie gern, falls die fernöstliche Karma-Doktrin nicht die christliche Gnadenlehre und das Erlöserkreuz aufhebt.

In allen Ecken der Welt sitzen beste Theologen und mühen sich redlich, den ererbten Glauben neu zu formulieren. Doch wie man weiß, begeistert den Vatikan selten eine Innovation und das hat seine Gründe. Denn mit objektiver Sicherheit geschieht dabei schnell ein Abdriften von der Kernlehre, dem ohne Verzögerung Einhalt geboten wird, damit das Wesentliche im Lot bleibt. Aber selbst in den Regierungspalästen des Vatikans wird hinter vorgezogenen Gardinen harte Arbeit am Neuen geleistet, und hoffentlich versucht man sich dort auch an einer neuen Sprache! Die zeitgenössische Theologie tastet sich in ein Neuland vor, im Licht der Beschlüsse von Vatikan II gestattet sie sich auch einen bedachten Pluralismus in der Reflexion. Draußen in der Welt jedoch, so meint der Vatikan, müssen den zu schnell Eilenden unter den Theologen immer wieder Verwarnungen nachgesandt werden. Dann sorgen über Nacht die Medien dafür, dass die Kirche wieder einmal in Misskredit fällt.

Ich habe im Grunde keine Mühe, ihre distanzierte Haltung gegenüber eines immer stärker werdenden religiösen Pluralismus zu verstehen, weil dieser zum Synkretismus neigt, zur Vermischung und Verschmelzung unterschiedlicher Lehren und Kulte. Jeder bedient sich nach seinem persönlichen Geschmack und gelegentlich ist auch die christliche Lehre dabei. Unsere westliche Gesellschaft hat mit dem Pluralismus ohnehin kein Problem, ganz im Gegenteil, Öffnung nach allen Seiten wurde zur ethischen Pflicht erhoben, Universaltoleranz heißt die Parole.

Allerdings, die Urkirche hat inklusiv, nicht exklusiv gehandelt: **„Prüfet alles und das Gute behaltet!“** empfahl Paulus den Tessalonichern in seinem ersten Brief, und die Urkirche integrierte Elemente aus dem Hellenismus wie aus den großen Mysterienreligionen Ägyptens und Griechenlands. Im Mittelalter nahm sie sich Aristoteles vor, legte ihn aus und machte ihn sich nutzbar. Ähnlich könnte auch die heutige Kirche mit einigen ungewohnten Denkströmen umgehen, die sie bereichern würden.

Das ist eine große Aufgabe, die jetzt Mutter Kirche erwartet, denn ihre erwachsen gewordenen Kinder gehen ihr bereits in diese Richtung voraus. Es ist Wahrheitssuche! Liebe Freunde, Sie kennen mein elftes Gebot, das ich dem Dekalog gern noch anhängen würde: DU SOLLST SUCHEN! Beispielsweise habe ich mir einiges Wissen über das Jahrtausende alte chinesische Konzept der Harmonie angeeignet – TAO (der Weg) – und flechte hin und wieder diese Ideen in meine Vorträge. Der Generalobere der Jesuiten in Rom, Pater Adolfo Nicolas, war lange genug in Fernost tätig, um dort mancherlei Gutes in der geistigen Welt Japans zu finden. Im Jahr 2008 sagte er: **„Ich glaube, dass Asien die Weltkirche sehr bereichern kann, deshalb empfehle ich eine Reformulierung unseres Glaubens im Kontext von Vatikan II, aber auch im Kontext Asiens".**

Auch mit den asiatisch geprägten Esoterikern Europas können wir gut ins Gespräch kommen, wenn wir uns auf das schöne TAO-Symbol YIN UND YANG beziehen und uns mit ihnen einfühlen in diese interessante Aussage. Wenn nämlich die Genesis bildlich sagen will, Eva ist aus Adam hervorgegangen, dann ist Adam zugleich auch Eva! Ohne sie wäre Adam nicht unser Stammvater, sondern nur ein Halbmensch – und umgekehrt. Adam drückte sich durch Eva aus und Eva durch ihn: **„Das endlich ist Bein von meinem Bein und Fleisch von meinem Fleisch"** (Gen. 2, 23a). Hat unsere moderne Wissenschaft nicht derartiges bewiesen? Jeder von uns besitzt auch Hormone des anderen Geschlechts. Und die Psychologie weiß, dass animus und anima gemeinsam in uns aktiv sind. Wir sind alle Hermaphroditen, und ich bemerke es an mir: je älter ich werde, umso sanfter und gemütvoller reagiere ich, denn das Weibliche in mir wird mir immer bewusster, ich gewinne Menschliches, Vollmenschliches. Das beinhaltet das Symbol von Yin und Yang.

Wenn ich früher über die Problematik der Ehe nachdachte, kam ich schon theoretisch auf diese Fährte: um ganz Mensch zu werden, muss der Mann auch Frau werden und sie muss auch Mann werden. Im harmonischen Maß und Einklang. Insofern löst die Idee der Ehe seit Menschengedenken ein existentielles Problem, indem die beiden einander ergänzen und sich die Entwicklung leichter machen. Passionierte Junggesellen oder Geistliche, die im Zölibat leben, müssen daher bewusst daran arbeiten, ihre Persönlichkeit auf andere Weise zu runden, damit sie ihr inneres Gleichgewicht finden. Die Weisheit des TAO stellt mit dem Zeichen des Yin und Yang beiden Geschlechtern ihre Aufgabe vor Augen.

Hier möchte ich auf die Ehepflicht orthodoxer Geistlicher hinweisen, denn viele Westeuropäer haben das noch nicht realisiert: Die mit Rom unierte katholische Ostkirche erlaubt ihren Geistlichen die Ehe und die orthodoxe Weltkirche, so auch die koptische Kirche Ägyptens, verpflichtet die Priester sogar zur Heirat.

Das „Programm Mensch" ist eingeschrieben in das erste Menschenpaar, und die sexuelle Zuwendung ist das Zeichen einer noch größeren und weiter reichenden Zuwendung. Ich bin immer auch der andere. Ich bin auch Sie, meine lieben Freunde, ich bin Sie alle, denn jeder ist ein Teil des anderen und **„keiner von uns lebt sich selbst"** (Römer 14, 7). Wie gut wird das auch im TAO verstanden! Wenn ich Sie nicht mit weit ausgebreiteten Armen alle in mir empfinge, dann fehlte meiner Person etwas Wesentliches.

Liebe bedeutet das Hereinlassen des anderen – Gott oder Mitmensch – in den eigenen Garten und später ins Haus. Weil jeder ein geheimnisvoller Teil des anderen ist, sind wir weit mehr als nur Blutsverwandte, es reicht noch viel tiefer. Unzählige Barrieren haben wir Menschen künstlich errichtet und Grenzen zwischen uns gezogen, aber wir bleiben „ein Fleisch". Deshalb der Aufruf **„seid vollkommen und liebt einander!"** aus der Bibel und auch aus dem Koran! Hier gibt es einen Verbindungskanal zu den vielen Millionen Muslimen in Europa. Diese wissen sehr gut, dass der Antrieb zur Vollkommenheit auch auf vielen Koranseiten zu lesen ist. Sich geben, sich verschenken, einander stützen, schützen und fördern! Die Koransure 26, Verse 85 und 86, lässt von der Sehnsucht nach Vollkommenheit hören: **„O Herr, gewähre mir Weisheit und vereine mich mit den Rechtschaffenen (...) und mache mich auch zum Erben des Gartens der Wonne"**. Der Aufruf zur Güte ist aller guten Dinge Anfang und der Gebende wird dabei reich, das heißt, er wird gottgefällig, er wird liebenswert als Freund, als Partner, als Arbeitskollege. Alles kehrt zu dem zurück, der gibt.

Sie werden mich fragen: Befinden wir uns dann im permanenten Glückszustand? Leider nicht, das ist allgemeine Erfahrung, die den Elan aber nicht bremsen kann. Es bleibt ein rätselhafter Durst zurück, der Durst nach vorzeitiger Paradiesesfülle, den naturgemäß nichts Irdisches löschen kann. Der Mensch im Stand der heutigen Entwicklung bleibt unbefriedigt, seine Seele kann das Kommende nur ahnen, aber nicht greifen. Der Mensch will das unendlich Große und Weite – jetzt! Und er will das unsagbar Intime – jetzt! Deshalb läuft der sexuelle Motor in ihm ohne Ende als Versuch dieser Annäherung. Im Grunde aber braucht der Mensch den Altruismus, seine Selbsthingabe, sie führt ihn zur Einswerdung mit dem Ganzen und bestätigt sein Vollkommenheitsstreben. In den Worten Jesu: **„Liebet einander!"** und **„Seid vollkommen!"** geht es auch um Psychologisches und Anthropologisches in höchster Weisheit.

Und das ist das Evangelium! Seine Texte sind existentiell und müssen unter allen Umständen auch als solche verkündet werden! Es darf der Kirche nicht nur darum gehen, den heutigen Menschen in seiner Ehrlichkeit gedanklich zu verstehen und geistig zu fördern. Der Klerus muss ihn insbesondere auch psychologisch und mystisch begleiten. Auch für die zahlreichen Psychologen in unserer Welt wird es immer dringlicher, tiefer anzusetzen. Die Dimension des Geistes muss voll einbezogen werden und der mystische Kern des Menschen darf nicht länger unbeachtet bleiben. Prediger sollten sich auch während der wenigen Minuten, die ihnen zur Verfügung stehen, mit dem Zitieren aus der großen Weltliteratur etwas zurücknehmen, denn das kennen die Gläubigen heute. Der Europäer bildet sich fortwährend und viele sind auch mit christlicher Weisheit vertraut. Was allen fehlt, sind existentielle Antworten auf ihre geistigen Lebensfragen. So zumindest erlebe ich sie, wenn ich durch Europa reise, ehrlich, durch und durch ehrlich! Der Europäer ist von erhebender Gradlinigkeit, und das ist etwas Kostbares. Möge der Klerus das ehren! Trotz seiner derzeitigen Unlust an christlicher Glaubenspraxis erlebe ich den Europäer als moralisch unversehrt.

Auch bei rückläufigem Kirchenbesuch habe ich Vertrauen in die christliche Seele dieses aufrichtigen Europäers, sie bewohnt und belebt den Kontinent, auch wenn das nicht in der europäischen Verfassung verankert wird. Äußere Dinge können meinen Glauben an Europa nicht schwächen, nicht an seine „Intelligenz des Glaubens". Es ist der Glaube an den immerzu forschenden Geist, auf der Suche nach dem fließenden Zusammenhang im inneren Licht. Glaube und Intelligenz erleuchten sich gegenseitig in einer Art Dialektik und das gilt es, das ganze christliche Volk zu lehren. Der Akademiker oder der Mönch allein in seinem Studierzimmer? Jene Zeiten sind vorbei, als sich nur eine elitäre Schicht mit den Grundfragen der

Existenz befasste, um das Ergebnis ihres Denkens dem ungebildeten Volk zu verabreichen. Unvorstellbar heute! Alle denken mit.

„Ein kritisch reflektierter Glaube“ wird von Vatikan II gefordert – siehe die Pastorale Konstitution „Gaudium et Spes“, Art. 21. Und wir wissen, wie sehr unseren Papst Benedikt der VERNÜNFTIGE GLAUBE und die GLAUBENDE VERNUNFT beschäftigen und dass er alle Christen auch dazu ermutigt. In seiner Silvesteransprache 2008 sagte er begründend“ **„Es gibt alles Sinn, weil das WORT an uns gerichtet ist, der LOGOS kennt uns, führt uns. Der Sinn der Welt ist Fleisch geworden.“**

WER IST JESUS CHRISTUS? Diese Frage aller Fragen wird sich niemals erübrigen. Der entscheidende Punkt für die „Intelligenz des Glaubens“ ist zugleich ihr Mittelpunkt: DIE PERSON JESUS VON NAZARETH IST DER CHRISTUS, DER GOTTESSOHN. Diese höchste und absolute Referenz, die wir dem Suchenden und Fragenden bieten, hat es umso schwerer je mehr sich im Westen religiöser Pluralismus und Relativismus zu Wort melden und die Menschen geradewegs überall hingreifen. Bleiben wir tapfer. ASOLUT heißt ABSOLUT.

Es ist wohlbekannt, dass die Hindus kein Problem damit haben, Jesus als inkarnierten Gottessohn zu begreifen und zu verehren, allerdings im Reigen anderer Gottessöhne. So sah ich es 1999 im indischen Kerala auf einer Tempelwand wohlwollend dargestellt: in friedlicher Eintracht alle Inkarnationen Gottes beisammen. Wir aber anerkennen nur einen einzigen, der von sich selber sagte: **„Ich bin das Licht der Welt... Ich bin der Lebendige... Ich bin die Auferstehung und das Leben... Ich bin das Reich Gottes... Ich bin das Alpha und das Omega... Ich bin der Anfang und das Ende... Ich bin**

der Weg, die Wahrheit und das Leben…" Diese Menschwerdung Gottes ereignete sich nach christlicher Überzeugung ein einziges Mal. Um uns das zu versichern, mühte sich der gebildete Paulus besonders in seinem Hebräerbrief und verwendete ausdrücklich das Wort **„semel" – „ein einziges Mal".**

Dieses Glaubenswissen der Christen umschließt aber alle und alles. Für uns ist die Christusgestalt der Logos der Welt und der Heiland aller Menschen, er ist die Antwort auf die Frage nach diesem „Etwas" oder diesem „Jemand", wahrgenommen in vielen Religionen und nur verschieden benannt. Er ist im tiefsten Sinn der Atman der Hindus oder der Adam Qadmon der jüdischen Kabbala, aber auch der Vollkommene Mensch des Sufismus und der Punkt Omega, der Mystische Leib bei Teilhard de Chardin (und bei Paulus!). Immer stellt diese Gestalt eine Struktur des Kosmos dar, den Konvergenzpunkt der Geschichte, den Beginn des großen Verwandlungsgeschehens der Menschheit hin zu ihrer Vollendung. Diese Glaubensentscheidung rechtfertigt sich, indem sie zugleich alles andere rechtfertigt.

Sie rechtfertigt sich bis in antike Zeiten, möchte man der großen jüdischen Mystikerin und Philosophin Simone Weil zuflüstern (gest. 1943). Denn sie hörte leise die Stimme Christi anklingen, wenn sie sich mit Plato oder Homer beschäftigte, noch mehr bei Dionysos. Besondere Verehrung hegte sie für die „Hindu-Bibel", die Bhagavad Gita und ließ in ihrem schmalen aber starken Büchlein „Brief an einen Ordensmann" (1951) wissen, dass sie sich darüber hinaus auch frühere Inkarnationen dieses kosmischen Logos vorstellen könne, wie Krishna in Indien oder Osiris im Alten Ägypten… und einige andere. Achtung! Hier trennen sich unsere Überlegungen! Diese Spekulation, diese Sicht ist für ernste Christen undenkbar und unannehmbar.

Leicht war der Weg zu diesem Zielpunkt, den wir im Credo so leicht heruntersagen, nicht gewesen. Die Urkirche hatte einen dramatischen Leidensweg auch intellektuell und intern zu bestehen, um der Menschheit im Streit und im Kampf das Wahre und Einzigartige in Worte zu setzten. Das Schmerzpotential der Apostеljünger und ihrer Nachfolger beim Abfassen der Evangelien können wir uns kaum vorstellen! Aber wir spüren es. Besonders spüren wir es bei Johannes wie er darum ringt, uns die volle Wahrheit ins Herz zu pflanzen: Der inkarnierte Logos, die göttliche Vernunft und Weisheit, hat zu uns gesprochen und gesagt: **„Ich bin die Wahrheit“.** Und in der schönen Sprache unseres gegenwärtigen Papstes: **„Die ewige Vernunft ist Feuer, sie ist Liebe“.**

Und es dauert bis heute an, die Mühen der einen und der Unglaube der anderen. Ich denke an zwei jüdische Autoren, die jetzt gemeinsam ein Buch veröffentlichten und kurz und bündig darin bekennen: **„Für uns ist die Idee eines gekreuzigten Gottes eine skandalöse, ja sogar obszöne Idee“.** Und meine muslimischen Freunde, mit denen ich in Ägypten ein Leben lang diskutiere, desgleichen Muslime in Frankreich und Belgien, sagen mir nichts anderes. Sie wenden alles auf, um mich zu überzeugen, dass ein so hochkarätiger Gottesmann wie Jesus nicht so lächerlich enden kann. Blasphemie pur. Und sie zeigen mir in ihrem Koran die betreffende Stelle, wo es heißt, Jesus wurde nicht gekreuzigt, sondern rechtzeitig ausgetauscht. Zum Thema Gottessohnschaft reichen sich Juden, Muslime und zeitgenössische Heiden vor unseren Augen die Hände…

Die Christophobie, besonders in Europa, nennt die christliche Lehre ein absurdes Theater und sie macht selbst dieses Theater durch Schock-Plakataktionen und City Lights in Europas Straßen, wir wissen alle davon: **„Es gibt keinen Gott,**

genieße Dein Leben!" oder **„Schützen Sie sich, treten Sie jetzt aus der Kirche aus!"** Und bei jeder Gelegenheit dokumentiert die in Mode gekommene Christophobie ihre Leugnung der Person Jesus Christus als ABSOLUTE REFERENZ: Die **„Diktatur des Relativismus"** unserer Tage ist allgegenwärtig, sodass auch viele Christen meinen, alles sei gleichermaßen gut und schön. Gleichermaßen! Liebe Freunde, wenn ich aber für diese ABSOLUTE REFERENZ absolut plädiere, möchte ich bitte nicht in die Ecke der Intoleranz verfrachtet werden und mir sagen lassen, ich schicke alle Nichtchristen zum Teufel. Auch dieser Gedankenzug ist erloschen. Längst! Mahatma Gandhi war Christ ohne es zu wissen. Man kann Christus offenkundig als Brücke zwischen Himmel und Erde anerkennen, oder man spürt diesen Gottessohn, den Logos, wesenhaft in sich wirken, ohne ihn als diesen wahrzunehmen und zu benennen.

In die Falle der Intoleranz geraten nämlich jene, die Christus auf eine wunderschön verbale und rituelle Gestaltung eingrenzen, besonders in vorkonziliarer Zeit, als man den Erlöser der Welt für die Getauften beschlagnahmt hatte. Die Lichter der menschlichen Erkenntnis gehen nur langsam auf. Heute verkündet die Kirche Christus in seiner metaphysischen und metahistorischen Dimension, die alles Sonstige übersteigt, auch den Kleingeist mancher frommer Christen. Er ist jener, der alles Seiende umgreift und durchdringt. Alle Grenzen hat er aufgebrochen, alle Wege frei gemacht, um die Gotteswelt mit der Menschenwelt eins werden zu lassen. Das war seine Sendung und sein Ziel.

Unseren Glauben, meine lieben Freunde, allein auf die Abfolge rationaler Überlegungen zu stützen, wird uns nie gelingen. Unser Verstand läuft immer nur horizontal oder dialektisch. Bis heute aber sind selbst die großen wissenschaftlichen Entdeckungen nicht nur die Früchte reinen Verstandes, sondern mehr noch einer tieferliegenden Intuition. Es sind Ergebnisse von inneren Visionen, um nicht zu sagen, es sind Angelegenheiten des Herzens. Aus solchen Tiefen strahlen sie auf und werden dann Geistesblitze genannt. Jetzt, ans Licht gebracht, können sie auf anderer Basis durchgerechnet und vielleicht von den Wissenschaftlern bestätigt werden. Dann beginnt die Arbeit. Zunächst aber musste der Urheber den Sprung ins ungesicherte Neuland gewagt haben.

So rechtfertigt sich auch der christliche Glauben erst später. Er ist nicht spontan da! Karl Stern beschrieb das hervorragend in seinem Buch „Der brennende Dornbusch". Zunächst ist der Glaube reine Hypothese. Aber weiß man denn nicht, dass z. B. die Mathematik immer mit Hypothesen gearbeitet hat, um dann zu erleben, dass sie stimmen? Oder in der modernen Teilchenphysik: Die gespenstige Anti-Materie wurde bisher nur errechnet und hypothetisch erklärt. Seit einem Dreiviertel-Jahrhundert!… Inzwischen weiß man von ihrer realen Existenz, auch wenn sie unsichtbar bleibt.

Und weil man sich unserem Gottmenschen Christus nur durch Herzensarbeit von innen her nähern kann, deshalb gilt er als Stein des Anstoßes? Es geht hier tatsächlich um eine Christophobie. Für den Wissenschaftsgläubigen unserer Tage ist ein Gottmensch schlicht ein Ärgernis.

Das Jesus-Ereignis als absurdes Theater? Philosophisch betrachtet – gut möglich, denn zu viel einseitige Ratio lässt den Gotteszugang erschweren. Gottes Menschwerdung wäre dann absurd und seine Kreuzigung nicht minder. Da gehen noch immer die Zweifler unter dem Kreuz hin und her und rufen spöttisch hinauf: **„Wenn du der Sohn Gottes bist, dann steige herab und wir werden an dich glauben".** Selbst die

Oberpriester, damals, höhnten (Mk. 15, 31). Nein, Gottes Geduld war zuende, Zeichen seiner Macht hatte er den Menschen über Jahrtausende gegeben, doch ihren Herzensglauben konnte er mit Wundern nicht gewinnen. Jetzt setzte er das Zeichen seiner Liebe.

Liebe und Barmherzigkeit sind ein und dasselbe. Was verstandesmäßig absurd erscheint, wird gegebenenfalls für einander liebende Menschen zur blanken Notwendigkeit, denn ihr hell gewordenes Herz folgt einer anderen Logik. Verwunderlich, dass eine Menschenliebe, die für einander Absurdes zu tun imstande ist, ernst genommen und geehrt wird, aber wenn Gott es für uns tut, wird es bezweifelt.

Liebe Freunde, das Christentum hat sich über zwanzig Jahrhunderte nicht geirrt. Die Kreuzesverehrung ist so alt wie das Christentum selbst und wird immer aktiv bleiben. Dazu lebt in vielen Gegenden Europas eine ewig frische Marienfrömmigkeit, die durch 100 Wallfahrtsorte in 29 europäischen Ländern ihren Ausdruck findet. Die vermutlich bedeutendsten Marienheiligtümer und Wallfahrtsstätten haben sich zu einem Netzwerk vereint und befinden sich im ständigen Austausch. Es sind Loreto in Italien, Fatima in Portugal, Lourdes in Frankreich, Altötting in Deutschland, Tschenstochau in Polen und Mariazell in Österreich. Von Mariazell kenne ich zufällig die Zahl der Pilger, die sich aus ganz Europa in die Steiermark begeben, es sind jährlich etwa eine Million. Wo ist die Entchristlichung dieses Kontinents? Das Netzwerk nennt sich „The Shrines of Europe“ und sagt von sich: **„Wir wollen unseren christlichen Beitrag zur europäischen Integration leisten“.**

Auch die schlichten Feldkreuze ohne Corpus an den Wegen der ländlichen Gebiete Südeuropas haben schon DIE GANZE WAHRHEIT zum Thema. Es gibt auch kleine Kreuzigungsgruppen oder den einsamen Jesus, es gibt bunte Mariendarstellungen in alter oder moderner Volkskunst. Es gibt soeben frisch renovierte Bildstöcke oder gänzlich verwitterte, vom Regen ausgewaschene Kruzifixe, unter denen ich aber frische Wiesenblumen in einer kleinen Wasserbüchse entdeckte – DER GANZEN WAHRHEIT DARGEBRACHT. Ein ungeheurer Anblick!

Halten Sie dort ein für einen Moment der liebenden Besinnung. Liebe macht sehend. Nehmen Sie das Geschaute ernst, es will zu Ihnen sprechen, es ist kein rührendes Relikt aus verflossener Zeit und der Sinn ist passé. Nein, es ist immer das Zeichen der Stunde. Es will sagen: **„Was du hier siehst, das hat Gott für dich überstanden, für dich! Weil er dich liebt."** Wem, bitte, ist dieser nackte Gottesleib nicht „Beweisführung" genug? Europa muss sich erneut entschließen, den gekreuzigten Gott zu suchen. Nur so kann es dessen Liebesweisheit verstehen und sie in seinem Herzen finden. Dann wird es gut stehen um diesen Kontinent.

KAPITEL DREI

EINE WELTSYNODE ALLER GETAUFTEN

„Bereitet den Weg dem Herrn und bahnt in der Wildnis die Pfade…“
(Georg Friedrich Händel „Der Messias“, Nr. 1, Rezitativ)

Meine lieben Freunde, nicht überall in Europa schlägt mir der Atem einer Christophobie entgeben, aber die zunehmende Schmähung alles Christlichen beginnt mich nervös zu machen. Als arabischer Christ auf westlichen Reisen bin ich irritiert und betroffen. **„Europa – dieses komische Land voller Atheisten“** – äußerte sich Peter L. Berger, in Wien geboren, renommierter amerikanischer Religionssoziologe und Theologieprofessor an der Boston University.

Seine zugespitzte Diagnose hat es vor allem auf eine Atmosphäre weitflächiger Indifferenz abgesehen, in der ein zu Tode betrübender Nihilismus an Raum gewinnt und Atheismus chic ist. Europa einerseits unter einem ständig aggressiver werdenden theoretischen und praktischen Atheismus und andererseits unter dem zusehends erstarkenden, glühenden Islam? Wo bleiben die Christen? Ihre fulminant inszenierten Events sollen die kirchliche Situation retten? Der französische Philosoph Michel Onfray sprüht indessen von intellektuellem Hass auf die Kirchen und verschont auch nicht das Gebet. Wortgewaltige Autoren aus dem englischsprachigen Raum, die scharfe Stachel setzen wollen, sind Daniel C. Dennett, Sam Harris und Christopher Hitchens, sodass der deutsche „Spiegel“ 2007 von einem **„beginnenden Kreuzzug der Gottlosen“**

schrieb. Weltbekannt wurde seit 2005 Richard Dawkins Bestseller „Der Gotteswahn", im Nu in 31 Sprachen übersetzt. Thema dieses britischen Evolutionsbiologen ist die Verspottung jeglichen göttlichen Schöpfungsprinzips. Ohne Widerrede. Seine Schlagkraft als atheistischer Naturwissenschaftler ist in Europa von solcher Wucht, dass ernsthaft diskutiert wird, ob man nicht CHRISTI HIMMELFAHRT zeitgemäß ersetzen sollte durch einen EVOLUTIONSFEIERTAG.

Seit 2008 gondeln rote Doppeldeckerbusse durch Londons Straßen (mit sofortiger Nachahmung in Spanien, Italien und anderswo), die für eine beispielslose Kampagne zugestimmt hatten: Die „Britische Humanistische Vereinigung" plakatierte mithilfe einer „Spendenaktion unter Atheisten" den Slogan **„Wahrscheinlich gibt es keinen Gott, so hört auf, Euch Sorgen zu machen, genießt Euer Leben!"**. Es dauerte nicht lange, dann verzichtete man auf das Wort „wahrscheinlich" und es war in diversen Ländern zu lesen **„Es gibt keinen Gott!"** Richard Dawkin unterstützte kräftig diese Plakat-Aktion und sagte in Interviews: **„Aber bitte, man kann Gott ebenso wenig ausschließen wie Feen und Einhörner"**.

Von der christlichen Bevölkerung Europas werden diese Erscheinungen rätselhaft gelassen hingenommen. Zielführende Gegenreaktionen muss man mit der Lupe suchen, so winzig fallen sie aus und so leise. Das zeitspezifische Credo der „political correctness", im Ansatz gut gemeint, vernebelt jetzt die klare Sicht: Warnung bitte, kein unsensibles Wort zu den Themen Rassismus, Nationalismus, Feminismus, Antisemitismus, Islamismus, Linksliberalismus u.s.w., die Liste ist lang und ernst und soll gehütet werden, denn welche Gesellschaft könnte es sich heute leisten, intolerant genannt zu werden? Für diesen sauberen Ruf nimmt man alles in Kauf.

Nur die Kirche ist unter dem Schutzschild politischer Korrektheit herausgefallen und vertrieben worden. Es wird wild gepöbelt, jeder Hohn ist erlaubt, auch der billigste, nur gegen das Christentum darf alles gesagt und getan werden, die Kirche ist zum offenen Angriffsfeld geworden ohne Grenze, ohne Scham. Auch die zeitgenössische Kunstszene weidet sich darin, die bildende und die darstellende Kunst sind wie verabredet am Werk. Ihre Autoren werden nicht gesteinigt, sondern gefeiert.

Warum aber wird diesem Sarkasmus so heftig applaudiert? Wenn man mit dem Propheten Mohammed dasselbe Unwesen triebe, dann erlebte Europa einen Tsunami. Jesus als schräge Unterhaltungsfigur auf britischer Bühne und mit Ausstrahlung in der BBC („Jerry Springer“ 2005). In Schweden haben die Menschen 1998 noch reagiert und warfen vor der Ausstellungseröffnung „Ecco Homo“ Steine auf jene, die Jesus als homosexuellen Aidskranken inszeniert hatten. Dafür gibt es seit 2008 das Parfüm „Vive Maria“, für das eine Marienstatue zwischen Dessous in einem deutschen Kaufhaus werben soll. „Bekannt gemacht“ wurde Jesus auch als unehelicher Sohn eines römischen Soldaten und Vater einer Tochter mit Maria Magdalena in der Gegenwartsliteratur. Oder Jesus auf dem elektrischen Stuhl in einer Ausstellung in Frankreich. Oder Jesus mit Mickymaus-Kopf in den Illustrationen einer russischen Bibel. Lobenswerterweise mussten die Verantwortlichen vor ein Moskauer Gericht! Das sind nur spärliche Beispiele aus der Flut eines wütenden Zynismus gegen christliche Werte, von den meisten verharmlost oder mit breiten Lachern quittiert, weil es im christlichen Europa Mode wurde, die Christusgestalt zu verhöhnen. Antichristliche Kunstschaffende persiflieren das Heilige und bemühen sich, den Glauben GRUNDSÄTZLICH in Frage zu stellen. Woher weht dieser giftige Wind?

Zweimaliges Hinschauen sei jedoch Pflicht. Denn religiös engagierte Künstler bieten auch bewusst Schockierendes, Wahnsinniges, vollkommen Neues, um uns wieder wach zu kriegen und wir es vielleicht schaffen, Christus neuzeitlich einzuordnen. So verteidigte auch der zuständige französische Kardinal jenen zeitgemäßen Gestus einer Todesvollstreckung nicht am Kreuz, sondern auf dem elektrischen Stuhl: **„denn wenn Jesus heute unter uns verurteilt würde…"** Eine sinnreiche Bemerkung. Es ist jedoch Mode, die Kirche zu diskreditieren und es geschieht mit wirbelndem Triumphalismus, denn zur Begeisterung der Urheber greift es. Dan Browns erstes Buch „Da Vinci Code" („Sakrileg") von 2003 war 2006 schon in 44 Sprachen übersetzt und in 50 Millionen Exemplaren verkauft – und vielleicht auch geglaubt.

Unsere Kirche wird allein gelassen, also muss sie gelegentlich in eigener Sache laut werden. Ich las über den Protest des Vatikans bei den Vereinten Nationen gegen das allgegenwärtige Erscheinungsbild einer Christophobie: **„This winter the Vatican waged a successfull campaign to have Christianophobia condemned by the United Nations"** (International Herald Tribune, 2005). Die katholische Kirche wollte dringend klarstellen: wenn man auf internationaler Ebene vorgibt, eines jeden Menschen Religion zu respektieren, dann darf der christliche Glaube nicht ausgenommen werden. Der Vatikan forderte von der Weltorganisation in New York, dass verurteilt wird, was verurteilt werden muss.

Aus welchen verborgenen Quellen fließen diese christophobischen Machenschaften? Wem gelingt die Eintrübung christlicher Freude, denn kritiklos geht man ihnen auf den Leim. Und wer sorgt für kontinuierliche Schlagzeilen in der weltlichen Presse über die ethischen Kräfte unserer Kirche, die sie weltweit in einem ungeheuren Arbeitspotential entfaltet?

Tag für Tag, Stunde um Stunde. Welch ein Gegengewicht gegen so viel Hoffnungslosigkeit, Schmutz und Leere! Ihre Autorität ist auch dann, wenn man mit manchen ihrer Lehrbestimmungen nicht einverstanden ist, unangefochten. Es gibt in der modernen Welt keine andere Instanz, die noch höhere Werte vermittelt und bewahren will, als zusammengenommen die verschiedenen christlichen Kirchen dieser Erde. Es wäre ratsam, einmal die Selbstverpflichtung der europäischen Kirchen in ihrer CHARTA OECUMENICA nachzulesen, um den Respekt ein wenig aufzuladen. Die 22 Punkte enthalten Bemerkenswertes und spiegeln die Anliegen von MENSCHEN GUTEN WILLENS, von denen ich nur einen nenne: **Entwicklung eines Lebensstils mit verantwortbarer und nachhaltiger Lebensqualität.**

Der still schrumpfende Kirchenbesuch in Europa steht im fast kuriosen Gegensatz zum Massenspektakel protestantischer Mega-Kirchen in den USA und auf anderen Erdteilen. Mehrere, dichtbesetzte Gottesdienste am Sonntag in Hightech-Ausstattung und in großer Fröhlichkeit. Über Südkorea berichtete die FAZ am 19.2.2007 aus der Yoido Full Gospel Church in Seoul. Dieser gigantische Rundbau feiert sieben Gottesdienste am Sonntag mit zwanzigtausend Teilnehmern, Video Walls und Simultandolmetschern in acht Sprachen. Dazu ein jubelnder Gospel Chor. Angeschlossen sind umfangreiche soziale und karitative Einrichtungen und Fernsehkanäle bis nach Island, Spanien und Usbekistan. Der europäische Beobachter spricht von einer organisatorischen Meisterleistung dieses spirituellen Unternehmens und die christliche Begeisterung dieser Gottesfürchtigen brachte dieser Kirche die Aufnahme ins Guiness Book der Weltrekorde – Begründung: **„eine Erfolgsgeschichte der Evangelisierung".** Südkorea erfreut sich aber auch an 1.200 katholischen, gut besuchten Kirchen. Die Christophobie ist ein europäisches Gewächs.

Aber ich bleibe Optimist im Blick auf Europa. Das Christentum liegt nicht in seinen letzten Zügen wie manche glauben wollen. Leider benutzen diese die falsche Brille oder sie meinen etwas ganz anderes, nicht aber den christlichen Glauben. Prognostizieren sie das Verschwinden „dieses großen Irrtums Kirche", dann gehen sie den besten geistigen Kräften Europas hilfreich zur Hand, ich meine beim Ausräumen eines falsch verstandenen und falsch gelebten Glaubens. Unsere Epoche forscht nach dem Wahrheitsfundament, das der Gläubige wie der Zweifelnde finden und berühren möchte. Denn im Stillen verleugnen sie weder ihre persönliche Nähe zu Jesus, noch ihre Gottesliebe im allgemeinen, mit vollem Recht aber schiefe Glaubensbilder und innerkirchliche Verhaltensweisen. Aus ihrer Zurückweisung und Skepsis lese ich die authentische Suche, und das ist es, was ich an Europa so liebe! Der Europäer will ehrlich leben und denken. Es ist seine christliche Seele, die zu ihm spricht, sie ist intakt! Und weil es Wahrheitssuche ist, bin ich optimistisch, an die Wahrheit werde ich immer glauben. **„Ihr werdet die Wahrheit erkennen und die Wahrheit wird euch freimachen"** (Joh. 8, 32), das ist der PERSÖNLICHE GLAUBE, der kommen wird.

Prügelknabe der Medien und vieler zeitgenössischer Autoren ist z. Zt. der Vatikan. Aber jede dieser Verlautbarungen ist zweischneidig, weil der unterschwellige Respekt nicht zu überlesen ist. Die katholische Kirche leistet weltweit Enormes, ganz Enormes an positiven Dingen. Weltweit unterhält sie allein etwa 75.000 humanitäre Einrichtungen. Könnte diese Tatsache nicht auch einen gewissen Neid hervorrufen? Neid auf die erstaunlich effiziente Arbeit dieser Weltkirche in allen Winkeln der Erde, der sich bei Glaubensfernen und Kirchengegnern in Feindseligkeiten aller Art entlädt und zur pauschalen Ablehnung jedweder christlicher Praxis einladen soll? Insgeheim, liebe Freunde, rumort auch eine gewisse Angst vor diesem geistigen Koloss Kirche, der dem Fremden verschlossen ist. Wie ihm begegnen, denn ignorieren kann man ihn nicht. Angst und Neid wegen der biblisch verheißenen Kraft dieser Kirche durch alle Zeitenräume bis ans gute Ende, immer präsent, immer stark. Insofern leuchtet mir das Verhalten unserer Gegner ein.

Um die heutige Situation des geistigen Europas und dessen offenen Unmut gegen christliche Praxis besser zu verstehen, grabe ich tiefer. Da finde ich freilich auch im Inneren Gründe für die Krise und mache mir Gedanken um einen Heilprozess. Ich weiß, es gibt derzeit gute Antworten, doch sind sie ungeheuer komplex. Vor allem ist es nicht mein Ziel, die katholische Kirche rundweg gegen alle Attacken, auch aus den eigenen Reihen, zu verteidigen, weil sie teilweise ganz allein die Verantwortung trägt. Und sie weiß es.

Ständiges Dominieren und Disziplinieren kann neurotisieren. Das war nicht neu, wurde aber dennoch geübt. Ich erinnere an den Erfahrungsbericht eines verzweifelten französischen Arztes namens Solinac mit dem Titel **„Die christliche Neurose“.** Die erste Wahrheit, die sich somit offenbart, besteht in der finsteren Drohgebärde, welche die Kirche über einen immensen Zeitraum angenommen hatte. Der Allmächtige sieht alles, straft alles. Höllenvisionen schlugen sich in der christlichen Kunst auf großflächigen Fresken und Gemälden nieder, die Eventualität der persönlichen ewigen Verdammnis sollte den Gläubigen als Vision ständig vor Augen schweben. In diesem Klima endloser Schuldverfolgung sah sich noch ein anderer französischer Arzt namens Hesnard gedrängt, eine „Kampfschrift“ zu verfassen, sein Buch trägt den Titel: **„Die morbide Welt der Schuld“.** Zorn und Aufbegehren im Volke wuchsen, und so kam es, dass man später ungefiltert jedes Wort inhalierte, das Kirchenkritiker versprühten.

Aber diese Wahrheit geht noch tiefer und zeigt sich dann in anderer Gestalt, denn sie ist freudianischer Natur. Mit seiner Idee des insgeheim ersehnten Vatermordes lenkte auch Freud (gest. 1939) zu den psychischen Schäden durch allgemein-kirchliches Gebaren, das er fatal nannte. Er hatte beim Menschen eine elementare Not, ein verstecktes Verlangen entdeckt, denjenigen zu töten, der ihn dominiert und von sich abhängig macht, denn das Ausspielen einer zu starken Persönlichkeit verdunkelt das Entfalten anderer in ihrer Nähe. Dann wird es nur eine Frage der Zeit sein, wenn zum Gegenschlag ausgeholt wird. Also wollen die Geschwächten und Verängstigten den falsch verstandenen Gott als Drangsalierer aus ihrem Dasein schaffen. Heute treibt der neue Atheismus, obgleich sein Gesicht alt ist, neue feurige Blüten.

Mit Sicherheit war der Atheismus damals die Konsequenz einer schmerzerzeugenden Spiritualität und eines tragisch falsch gedachten Gottesbildes, und Nietzsche (gest. 1900) tritt noch immer ins Bild. Er war überzeugt gewesen, dass wir Menschen uns nur entwickeln können, wenn Gott restlos verschwindet. Er ging seinen Weg sehr konsequent, sehr ehrlich und lud Tausende Europäer ein, mit ihm zu gehen. Dann kam Sartre (gest. 1980). Er dramatisierte nicht weniger leidenschaftlich für französische Bühnen dieses tragische Spannungsfeld zwischen den Göttern und den an ihnen leidenden Menschen. Auch er mühte sich redlich zu zeigen, dass der Mensch dieser All- und Übermacht entrinnen kann und soll. Nietzsche und Sartre, diese beiden scharfsinnigen und hartnäckigen Denker Europas mahnen noch immer aus dem Hintergrund dieser unseligen Beziehungslosigkeit zwischen den Dimensionen. Ihre künstlerische Kraft und ihr Sendungsbewusstsein sind noch hoch lebendig.

Sie haben auch mir vor Jahrzehnten schlaflose Nächte bereitet. Was fängt ein junger Priester mit dem Nietzsche-Wort an: **„Das Christentum ist der Schandfleck der Menschheit.“**? Aber mir wurde klar, dass die katholische Kirche aus unerfindlichen Gründen mit der intellektuellen Entwicklung der Europäer nicht Schritt halten wollte. Denn seit der Renaissance denkt man hier mit dem eigenen Kopf und argumentiert im Namen des Verstandes und der Wissenschaft. Ein Fötus braucht im Mutterleib die Plazenta. Später, außerhalb dieses Schutzraumes, bedarf das Kind einer ganz anderen Nahrung, und es wird zusehends selbständiger. Es muss. Denn zurück in den mütterlichen Schoß kann es nicht, das wäre die falsche, die tödliche Richtung. Bis ins Mittelalter bot die europäische Kirche ihren Kindern diese nährstoffreiche Plazenta und behütete sinnvoll das Wachstum. Später aber, als die Menschen auf allen Hochzeiten tanzen und maßlos Neues lernen wollten, weil sie geistig zu sich gekommen waren, zerriss diese zu eng gewordene Bindung. Welche Beziehung bestand fortan zwischen der Mutter und ihren Kindern? Diese Frage ist bis heute ungeklärt.

So wurde der christliche Glaube reichlich mit Krisen konfrontiert, Krise eins, Krise zwei, Krise drei, aber er ist bisher noch nicht abhanden gekommen! Keine Macht konnte ihm ernsthaft schaden, auch kein Sowjetkommunismus. Trotz aller Krisen lebt und wächst er weiter. Nennen wir als **KRISE EINS** den Einzug der Moderne mit schallendem Triumphgesang auf allen Feldern intellektuellen Lebens. Freiheit und Humanismus! Seit dem 16. Jahrhundert steht der Mensch im Mittelpunkt. Doch ging darüber der christliche Glaube in die Brüche? Wurde er überflüssig? Keineswegs. **KRISE ZWEI** wurde durch Luther provoziert, der die monolithische Kirche samt Papsttum in Frage stellte – bis heute eine Streitfrage für das enorme Arbeitsfeld der Ökumene, denn der Glaube ging trotz

Spaltung nicht unter. Im Gegenteil, er lebt so stark, dass man sich um ihn streitet. Allerdings brachte Luthers Reform auch eine weltweite Verunsicherung gegenüber Rom und den katholischen Ortskirchen und der generelle Zweifel unter den Katholiken gedieh.

Der Bruch zwischen Kirche und Gesellschaft war bereits seit der Aufklärung der Bruch zwischen Glaube und Verstandesdenken. So musste sich logischerweise auch Mutter Kirche in heftigen Beziehungsstörungen mit ihren Kindern befinden, ablesbar aus jeder menschlichen Familie. Das Kind steht jahrelang unter der Vormundschaft seiner Mutter, sie denkt und handelt für das Kind und das Kind ist einsichtig und lernbereit. Wenn die Mutter aber ihr Verhalten später nicht ändert, kommt es zu heftigen Krisen und manchmal zu Brüchen. Das Kind zieht aus.

Aber auch **KRISE DREI** hat der christliche Glaube überlebt: die Französische Revolution und ihre Folgen. Es waren nur die äußeren Strukturen, die zerbrachen und zerbrechen mussten! Wir halten uns das Bild der blaublütigen, herablassenden Geistlichkeit vor Augen, welche die ganze französische Gesellschaft dirigierte und dominiert hatte. Zwar sah sich die Kirche nun schmerzlich an den Rand verlegt, aber ihr Lebenslicht ist nicht erloschen. Soziologisch gesehen entwickelte Frankreich nun einen fast irrationalen Antiklerikalismus, der bis heute aktiv ist, denn die Erinnerungen sind noch hellwach. Die hohe französische Geistlichkeit war fast durchgehend von der Aristokratie repräsentiert worden und verkörperte in der Kirche alle Macht und Herrlichkeit auf Erden... Seine grenzenlosen Privilegien lasteten schwer auf der Gesellschaft, dem einfachen Bürger wurde kaltblütig das Wasser abgegraben. Klerus und Adel schufen zusammen sehr viel Menschenleid und schaufelten schlussendlich gemeinsam ihr Grab.

So erzkatholisch **FRANKREICH** einst war, so antikatholisch ist es heute, ich erlebe es ständig, Frankreich ist das europäische Land, das ich am besten kenne. Und der Antiklerikalismus machte in ganz Europa Schule, er weitete sich aus wie ein leiser Flächenbrand – ohne dass Rom reagierte, im Gegenteil, es beharrte auf seinen Positionen und Restriktionen, die besonders in Frankreich nur noch wenige interessierten. Die Krise musste kommen, und sie zeichnete sich in der selben Härte ab, in der die Kirche sich zuvor über lange Zeit in die Gesellschaft eingekerbt hatte. In Frankreich, der „fille aînée de l'Eglise" (die älteste Tochter der Kirche), entzündete sich der Unmut am heftigsten und griff über auf andere Länder.

Kulturell naheliegend – **DER QUÉBEC, FRANZÖSISCH-KANADA**, das ich seit 1965 besuche. Auch das war erzkatholisches Terrain, wo es kein Dorf gab, das nicht nach einem Heiligen benannt war. Inzwischen ist der Québec der antichristlichste Boden, den ich kenne, und ein ausgereifter Antiklerikalismus schlägt einem auf Schritt und Tritt ins Gesicht. Früher war ein Priester in seiner Soutane ein Gottesmann, den man auf der Straße höflich grüßte. Heute gibt es vorsichtshalber zumindest im Angebot kugelsichere Soutanen für die Geistlichkeit.

Besonders seit dem Jahr 2000 bin ich oft für Vorträge und Interviews in Montréal und erlebe diesen unverhohlenen Affront der Kanadier gegenüber allem Kirchlichen. Die Jugend ist unansprechbar. Die Kirchen sind leer und viele wurden in Bibliotheken, Clubs oder Kulturzentren umgebaut. Ein neues Gesetz VERBIETET das Kruzifix in Klassenzimmern, der Religionsunterricht musste dem Ethikunterricht weichen. Versuchte Gespräche mit Einzelnen verlaufen aggressiv und streitsüchtig. Der Laizismus machte in Französisch-Kanada mit allem, was während der Allgegenwart und Allmacht der katholische Kirche selbstverständlich war, Tabula rasa.

Ähnlich in **UNGARN**. Im November 2008 wurde ich zum fünften Mal zur landesweiten Vortragsreise geladen und dachte an die ersten Male noch während der kommunistischen Ära: ein spirituell ausgehungertes Land, das im Eiltempo – bis heute – jedes meiner Bücher übersetzt und verbreitet. Dennoch erlebe ich dort die Krise für Glauben und Kirche. Und das einst so fromme **POLEN**, das sich seinerzeit an drei polnischen Buchveröffentlichungen von mir begeisterte, zieht sich inzwischen offiziell aus dem kirchlichen Leben zurück. Auch der einzelne Gläubige zeigt Unbehagen oder Gleichgültigkeit. Es ist offensichtlich: je strenger ein Land katholisch geführt wurde, umso aggressiver reagiert es heute. Ich lese und höre dasselbe über **ITALIEN**, über **PORTUGAL** und selbst über die kleine ewig katholische **INSEL MALTA**. In **TSCHECHIEN** bezeichnen sich nach einer Befragung 50–60% der Bevölkerung freimütig als Atheisten. Meine vier tschechischen Buchveröffentlichungen erwiesen sich für den Prager Karmeliten-Verlag als nahezu unverkäuflich.

Und in **ENGLAND** gibt es schon Ferienlager für die junge Generation, z.B. das „Camp Quest" in der britischen Grafschaft Sommerset, „eingerichtet für Kinder von Atheisten, Freidenkern, Agnostikern, Humanisten". Dort gibt es gar bei Tisch kurze Lesungen, in denen man die Jugend mit atheistischen Persönlichkeiten in aller Welt vertraut machen will. In **DEUTSCHLAND** sind 26 Millionen konfessionslos. Soll ich das glauben?… Interessant der protestantische Norden wie **DÄNEMARK**: dieses Land hat die niedrigste aller Besucherraten zum sonntäglichen Gottesdienst – es sind gerade noch 2% der lutherisch getauften Christen, die aber nicht die Kirche verlassen! Ich sehe es so: Die Dänen boykottieren Kult und

Sprache als „out of time", während ihr Glaube weiter gelten soll, sie wollen unsichtbare Christen bleiben. Wer eilt ihnen zu Hilfe?.

Schließlich nenne ich noch eine ehemals katholische Glaubensbastion – **SPANIEN**. Der praktizierte katholische Glaube war immer Spaniens Identität als Erbmonarchie und Weltmacht im Kaleidoskop der Mächte. Heute besuchen von den verbleibenden Kirchenmitgliedern nur noch ein Drittel die Messe. Alte Klosteranlagen werden in luxuriöse Designer-Hotels verwandelt und angepriesen. Dazu wird von Regierungsseite die Abtreibung durch Gesetze erleichtert. Noch reagieren die Spanier mit starken Protesten; insbesondere die Kirche: 2008 ließ sie acht Millionen Kampfschriften drucken und 30.000 Plakate, auf denen ein bedrohter Fötus das Wort hat. Das ging vielen ans Mark. 2009 nahmen eineinhalb Millionen am Marsch für das Leben" unter dem Motto **„Jedes Leben zählt"** teil. Das ist gut praktiziertes Christentum. Offiziell aber geht man mit der spanischen Kirche auf Konfrontationskurs und der Kardinal Erzbischof von Madrid tröstet die Gläubigen in altbekannter Weise: **„Am Ende der Zeiten werden alle Feinde Gottes besiegt werden"**…, während Kopien der Londoner Stadtbusse auch in Madrid zirkulieren und sich um dieselbe Reklame für den „neuen" Atheismus bemühen: **„Es gibt keinen Gott, genießt euer Leben!"** Ist das Spanien heute?… Unbehelligt von allem Tumult ist Spaniens **JAKOBSWEG** – international bevölkert wie nie zuvor, 30–40 verschiedene Nationalitäten von unentwegten Pilgern feiern am Ziel, in der Kathedrale von Santiago de Compostela, unter Tränen die Messe.

Doch die Christophobie in Europa ist Realität. Vielleicht erleben wir aber in diesem Umbruch eine große Gnade. Denn möglicherweise gibt es diesen Gott, den der flüchtig Denkenden, wirklich nicht, diesen Gott, der droht, züchtigt und straft. Aber die allgemeine Revolte gegen die Kirche, die ich seit Jahrzehnten auf meinen Europareisen erlebe, wäre zu verhindern gewesen! Denn am Beginn der Misere stand nicht eine leichtfertige Revolte der Christenheit, sondern die massive Dialogverweigerung eines hoch zugeknöpften und traditionalistischen Klerus mit der modernen Welt. Hätte Rom dieses Phänomen damals in all seinen heraufziehenden Konsequenzen bedacht und hätte sich die Geistlichkeit pünktlich in aller Welt mit dem aufbegehrenden neuen Menschen fair ins Gespräch begeben, dann sähe heute manches anders aus.

Aber es gibt die geistige Evolution, das Leben ist nicht statisch, sondern dynamisch. Das notwendig Neue existiert seit dem Jahre 1965, dem Ende des Zweiten Vatikanischen Konzils, der 21. Vollversammlung der Kirchengeschichte unter den Päpsten Johannes XXIII. (gest. 1963) und Paul VI. (gest. 1978) Tausende Male wurde beschrieben, welch ein Aufatmen beim Lesen der neuen Dokumente durch die Christenheit gegangen war und wie Geistliche und Gläubige gemeinsam den „neuen Frühling" besangen. Das Neue war gekommen! Jetzt zeigte sich die Kirche bereit zu mehr Demut, besserem Verstehen, raschem Handeln, zum Austausch mit anderen Religionen, zur Mehrung der Entscheidungsfreiheit für die Ortsbischöfe und zu vielem mehr – ein Wendepunkt in ihrer Geschichte! Jetzt grub sie auch Dinge aus, die außerhalb ihrer Mauern wuchsen und trug sie herein, um sie kennen zu lernen, und **„zu prüfen und das Gute zu behalten"** (Paulus).

Doch wo ist hier jemand, der keine Gegenattacken erwartet hätte? Schnell formierte sich ein streitbarer, weil ängstlicher Strom im Zentrum der Kirche, der unablässig zur Restauration drängte. Bis uns der Hl. Geist 1978 den lebenserfahrenen polnischen Papst Johannes Paul II. bescherte, der die neue Linie schützte: **„Vatikan II – Es gibt keine Alternative!“** Auch sein Nachfolger versprach es zu Beginn seines Pontifikats im April 2005: **„Ich werde mein Möglichsten tun, die Beschlüsse von Vatikan II zu verwirklichen“.**

Diese leuchtende Fackel überall hinzutragen ist unsere Christenpflicht für das neue Jahrtausend, meine lieben Freunde. Jeder Einzelne wird gebraucht, damit diese Liebesbotschaft überall in der Welt zündet. Unermessliche Arbeit wartet im Weinberg, vieles ist noch nicht einmal verstanden und mit dem Herzen angenommen worden, wie könnte es umgesetzt werden? Trotzdem müssen die Verständigen und Mutigen ein III. Vatikanische Konzil anregen und vorbereiten. Vatikan II hat uns diese Piste freigelegt, sie war als erste Wegöffnung gedacht und keineswegs als Schlussstein! Jetzt geht es um die reif gewordene EINFÜHLUNG und nicht um die mit Recht verpönte Anpassung an den wechselhaften Genossen Zeitgeist. Es geht um weise Einfühlung in den gegenwärtigen Geist der Menschheit. Da wir uns an einem äußerst kritischen Punkt befinden, würde ich, wenn ich könnte, dem derzeitigen Inhaber des Petrusstuhles das folgende sagen:

Heiliger Vater!
Ich bitte Sie inständig, unsere Kirche in den Zustand einer weltweiten Synode aller Getauften zu versetzen. Diese Bitte wage ich im Namen der Freiheit der Kinder Gottes, zu der Paulus uns ermutigt, und im Namen meiner innigen Liebe zur Kirche. Vorerst denke ich nicht an ein Konzil mit dem Weltepiskopat und einigen Gästen in Rom, sondern an eine SYNODE ALLER CHRISTEN DIESER ERDE je vor Ort. Besonders unter Einbeziehung der orthodoxen und der protestantischen Kirchen.

Diese Synode könnte mehrere Jahre dauern, um die Arbeit optimal zu leisten, denn es geht um ein erdumgreifendes Nachdenken über den AUFTRAG JESU CHRISTI in einer immer größer werdenden und sich ständig verändernden Welt. Lassen Sie dafür Fragebögen in allen Sprachen und Dialekten erstellen, damit sie tatsächlich jeder Christin und jedem Christen angeboten werden können.

Mit dieser Befragung schlage ich auf der Ebene der Weltkirche eine Generalsynode vor, an der zum ersten Mal in der Kirchengeschichte alle Getauften teilnehmen dürfen. Mit dem hohen Ziel, KLARHEIT ZU SCHAFFEN über alles Freud und Leid der christlichen Glaubenspraxis. Eines Tages kann diese Untersuchung dann von einer Generalversammlung gekrönt werden, wobei der Begriff „Konzil" noch immer vermieden werden sollte. Denn dort soll zunächst das Material ausgewertet und die Schlussfolgerung gezogen werden. Das Ergebnis wäre ein außerordentlich fruchtbares Feld geistiger und intellektueller Betrachtung über das CHRISTSEIN HEUTE und das CHRISTSEIN MORGEN.

Mit diesen Papieren könnte später ein wahres III. Vatikanisches Konzil mit allen Bischöfen einberufen werden, denn man ist informiert und weiß, was getan werden muss, sowohl in der römischen Zentralverwaltung als in den Amtsräumen der mehreren tausend Bischöfe in aller Welt. Man ist wirklich informiert. Dass von diesem neuen Konzil erstaunliche Dokumente, große Dokumente und Dekrete zu erwarten wären, ist sonnenklar. Hat doch die Menschheit inzwischen einen ungeheuren geistlichen und intellektuellen Schatz zusammengetragen, der aber weder in der säkularen, noch in der kirchlichen Welt jedem bewusst ist. Dieser Schatz muss geborgen und an die Sonne gebracht werden und zwar von allen gemeinsam, weil er das Eigen-

tum aller ist. Wahre Kirche bedeutet immer das Ganze, lautet die Botschaft von Vatikan II. Nun drängt die Zeit, diese Erkenntnis zu verwirklichen. Heiliger Vater – es ist fünf vor zwölf, die Geschichte wartet nicht auf uns.“

Diese fiktive Rede ist eine Chimäre, werden Sie mir sagen. Vatikan III und zuvor eine Weltsynode? Aber darauf kommt es an, sinnträchtige Wunschbilder zu artikulieren und auszustreuen wie Samen, die keimen könnten, wenn daran geglaubt wird und es etwas Gnadensonne gibt. Ein Resonanzboden ist da, die sogenannte „gute Erde“, und die Kirche muss ihrem Auftrag entsprechen, sie muss das LICHT DER WELT sein wollen, das SALZ DER ERDE, die HEFE IM TEIG. Leider bemerken wir viel zu oft das Gegenteil, sie folgt den Dingen nach und geht nicht wie einst als Leitgestirn voran. Pardon: Trägheit? Überheblichkeit gegenüber der säkularen Welt? Abschottung im Elfenbeinturm? Zweifel an der Moderne? Am modernen Menschen? An der Entfaltung seiner Charismen für die Kirche? Angst? Angst wovor? Gibt es nicht ein Wort von Papst Pius IX., das ermutigen sollte: **„Der römische Pontifex kann und soll sich mit dem Fortschritt, dem Liberalismus und der modernen Zivilisation versöhnen und arrangieren“**?

Warum folgt die Kirche nicht dem mehrfach wiederholten Appell einer NEUEVANGELISIERUNG von Papst Johannes Paul II.? Das würde vor allem bedeuten: eine neue Verkündigungssprache für eine neue Menschheit zu entwickeln. Das Sprachgehäuse ist ausgetrocknet, anachronistisch, noch immer stark moralisierend und allen langweilig. Neuevangelisierung heißt neue Mittel schaffen, um den neuen Menschen zu erreichen. Unsere guten Christen – oh, wie viele kenne ich! – suchen längst woanders nach spirituellem Brot, weil die heimische Theologie sie nicht satt macht. Wie soll aus dieser zerebralen, teils abstrakten und dogmatischen Buchstabenwelt echtes Leben quellen, das auch Herz und Leib erfasst und ihnen geistig heilsam ist? Es geht den Menschen um ein ganzheitliches Erleben der Letzten Dinge, deshalb suchen sie das Mystische zu integrieren und stoßen dabei oft auf Abwegiges, das sie nicht gesucht haben. Sie verdienen aber, das zu finden, was sie suchen, einen pastoralen, gut verständlichen, psychologisch einfühlsamen Zugang zu den großen Aussagen der Evangelien, einen Zugang, der näher am Ursprung liegt. Gemeint ist DER EXISTENTIELLE WEG.

DIE KIRCHLICHE ARBEIT BRAUCHT EINE DREIFACHE REFORM: Erstens eine theologische, katechetische Reform, welche die Kohärenz des christlichen Glaubens neu darlegt, anders darlegt, besser darlegt. Zweitens eine pastorale Reform, ausgearbeitet von vibrierenden Menschenherzen. Drittens eine spirituelle Reform, welche die Mystik neu belebt und mit ihr auch die Sakramente neu durchdenkt. Die Sakramentenlehre braucht unbedingt eine EXISTENTIELLE DIMENSION, das ist überfällig, um in die Lebensmitte der Empfänger hineinzusprechen und nicht nur am Sonntag und zu besonderen Anlässen. Allein zu diesem Thema könnte ich stundelang sprechen, weil ich besorgt bin. Denn eine Glaubenspraxis mit sakramentalen Riten, deren Bedeutung nur noch von wenigen gekannt wird, erstarrt zum bloßen Ornament am Rande des Lebens und fällt eines Tages in sich zusammen.

Karl Rahner hat vor ca. vierzig Jahren in seinem Buch über den Strukturwandel der Kirche gewarnt, dass sich selbst die Geistlichkeit bei ihrem rituellen Tun eines Tages langweilen könnte, aber resigniert im Fahrwasser bleibt. Dieser Warnruf Rahners kann auch als das Echo eines Warnrufs Meister Eckharts gehört werden: **„Wer Gott in einem äußerlichen Ritual sucht, findet das Ritual und verliert Gott".**

Und wenn der Papst mich fragen würde: **„Wo beginnen?"**, dann gäbe es kein Überlegen: **„Mit der Sakramentenlehre, Heiliger Vater!"** Sie muss in Theorie und Praxis neu bearbeitet und zur Allgemeinverständlichkeit gebracht werden, damit ihr Ziel von allen erkannt wird. Das Ziel der Sakramente ist welches? Das Ziel der Sakramente besteht in der DARSTELLUNG DER HEILIGEN DIMENSION UNSERER EXISTENZ. Ich versuche es mühsam in meinen Vorträgen, die zu Büchern werden, und es beglückt mich, dass ich verstanden werde.

Mein Buch „Mystische Erfahrung und soziales Engagement" beleuchtet das Problem aus der Perspektive der Eucharistie, dem Sakrament aller Sakramente. Wenn ich es ausdehne auf das tägliche Miteinander der Menschen am Familientisch, dann erweitere und vergrößere ich die Eucharistie, weil sie bis ins Alltagsgeschehen hineinwirkt, wenn auch nicht in ihrer Vollgestalt. Es betrübt und es alarmiert mich, dass unsere Sakramente wie kleine, heilige Inseln angesehen werden, um sie her pulsiert das Leben und nimmt von ihnen kaum Notiz.

Wird es nicht höchste Zeit, sich im Verkündigungsstil auch um eine neue Sichtweise der Sakramente zu bemühen? Ich betone dabei ihre Ausweitung auf das Leben der Menschen, wodurch die Sicht erweitert und nicht geschmälert wird, wie sofort ein ängstlicher Traditionalist glauben möchte... Nochmals: Was beabsichtigen denn die Sakramente? Sie beabsichtigen, DAS LEBEN DER MENSCHEN ZU HEILIGEN.

Nehmen wir den Taufritus. Der Sinn der christlichen Taufe ist unauslotbar tief. Dazu läse ich gern einmal eine Art Statistik, für wie viele Familien sie kaum mehr als eine glanzvolle Festlichkeit ist. Wer der Anwesenden, wer von den Gästen zumal, erkennt das geistliche Geschehen? Verschleiert es der schöne Ritus nicht mehr, als dass er es erhellt? Leider habe ich bei zahllosen Taufen meines priesterlichen Lebens diesen Eindruck immer gehabt – der Ritus führt die Anwesenden nicht zum Erleben und Verstehen, denn er selbst wird nicht verstanden. Es geht hier um die Zelebration einer Wirklichkeit, die zu anspruchsvoll und intellektuell zu kostspielig ist, sodass man es vorzieht, sich mit dem Ritus zu begnügen.

Die Taufe als magische Feier? Ein soziologisches Christentum, gut zu gebrauchen für die Statistiken? Wenn dem so ist, dann muss das Wesentliche im Äußeren stecken bleiben und irgendwann verblassen. In Wahrheit ist die Taufe ein ungeheures Geschehen! Sie ist das Auftauchen der universellen Dimension. Taufe bedeutet Grenzüberschreitung, sie ist ein Schwellengang, stellvertretend für das kleine Kind ist sie der Egotod, die Sprengung des Egopanzers mit Öffnung zur himmlischen Seite unseres Lebens, hin zu Christus, der seine Arme offen hält und wartet… und von dem Johannes der Täufer voraussagte: **„… er wird euch mit dem heiligen Geist und mit Feuer taufen"**, Feuer!, denn es geht um den existentiellen Schritt der Selbstverleugnung, dessen symbolischer Ausdruck der Taufritus ist. Wenn das nicht verstanden und mitvollzogen wird, dann erzeugt das Ganze nur Taufscheinchristen. Und auch sie könnten eines Tages mit der Frage Christi konfrontiert werden: **„Werde ich denn, wenn ich wiederkomme, noch Glauben auf der Erde finden?"** (Lk. 18, 8).

Es besteht eine außerordentliche Wechselbeziehung zwischen dem menschlichen und dem christlichen Mysterium, zwischen Anthropologie und Christologie. Christus kommt jedem von uns im Taufsakrament entgegen, aber wir haben unseren Teil hinzuzulegen. Das Universum ist noch auf der Suche nach seinem geistigen Zentrum, die Menschheit ist noch auf der Suche nach ihrer festen Achse. Sie hört noch immer nicht den Ruf Christi: **„ICH BIN WAS IHR SUCHT"**, er, dieses einzigartigste Wesen, das je mit uns gelebt hat und das diesen unerhörten Anspruch deutlich machte. Unser christlicher Glaube besteht darin, diese Selbstaussagen ernst zu nehmen. Die Jesus-Gestalt fasziniert und verführt nicht nur durch den Wortlaut der Bergpredigt, auf die sie Humanisten gern reduzieren wollen, sondern insbesondere durch seine zentrale und strukturelle Rolle in der Geschichte. Für mich ist Jesus Christus ein unumgängliches Phänomen. Wer es bewusst umgeht, der möge mit bitte sagen WARUM.

Wenn die Taufe rettet, sobald sie mehr ist als der Ritus, dann rettet Christus auch außerhalb unserer christlichen Landkarte ohne jeden Ritus. Mahatma Gandhi betrachte ich als getauften Christen. Und mit Gandhi rettet Christus Millionen von Männern und Frauen in aller Welt, die im Alltag Güte und Selbstlosigkeit pflegen. Ihre Selbstvergessenheit tauft sie, durch ihre Nächstenliebe steigen sie auf in diese andere Dimension. So könnte ich das bekannte Wort des Augustinus: **„Viele Menschen, die in der Kirche sind, sind nicht in ihr, und viele, die außerhalb der Kirche sind, sind in ihr"** abwandeln in **„Viele Getaufte sind keine Christen und viele Ungetaufte sind es".** Augustinus hat damit auf die noch unsichtbare Kirche der Zukunft hingewiesen, auf den sich langsam heranbildenden Mystischen Leib aller Menschen in Christus.

Ungezählte „anonyme Christen", wie Karl Rahner sie nannte, wurden schon unbemerkt von der Hierarchie der Kirche im Feuer des Heiligen Geistes getauft, weil sie ego-frei die Stadien von Passion, Tod und Auferstehung vor ihrem letzten, dem physischen Tod durchlebt hatten. Das genau ist mit dem Eintauchen ins Taufwasser bei Erwachsenentaufen gemeint und stellvertretend im Taufakt für die Kleinen. Der Täufling hat in der Sprache des Paulus **„den alten Menschen ausgezogen, um sich mit dem neuen Menschen zu beklei-**

den" zur Integration in die große Gemeinschaft. Christus ist die Kirche, Christus ist die wartende Liebe.

Alles, was wir brauchen, ist eine neue Glaubensstruktur. Die Christophobie in Europa ist keine Pandemie, außerdem ist der Mensch gesund, er reagiert. Die schwarzen Propheten, die uns ständig weismachen wollen, das Christentum sei am Ende, schaden letztlich nur sich selbst. Tony Blair trat zum Katholizismus über, Michail Gorbatschow bekannte sich im selben Jahr öffentlich als Christ, und er praktiziert und spricht darüber. Guillebaud und andere französische Philosophen haben sich überraschend zum Christentum bekehrt oder sind der Kirche erneut beigetreten. Auch Künstler, Sänger. Fast täglich gibt es solche Meldungen! Der Mensch ist gesund, er reagiert. Wahr ist, dass die Kirchenbänke sich leeren und die Kritik im Volke schriller wird. Aber ich sehe darin nur eine Zwischenphase, die neue Strukturen herbeiführt. Daraus eine generelle Abkehr vom Glauben herzuleiten, halte ich für vermessen.

Nein, eine Entchristlichung Europas wird es nicht geben. Dieses starke Herz schlägt weiter in gewohnter Weise. Die allseitig bekundete Ethik – auch als Schulfach – schöpft hauptsächlich aus christlichen Werten, vom sozialen Denken und solidarischen Handeln bis zur Sensibilität gegenüber Bruder Tier und Schwester Pflanze. Vor allem sehe ich in der Menschenrechtserklärung ein christliches Gut, ebenso im global ansteigenden Bewusstsein, prophezeit von den großen biblischen Propheten. Dieses kostbare Gut reift ständig nach aus dem Innern der Evangelientexte und es wird politisch aufgegriffen, ohne nach der Herkunft zu fragen. Weltweit bilden sich, wenn auch langsam, christliche Allianzen, auch wenn das Etikett fehlt.

Freilich gewinnt auch die dunkle Seite in reichem Maße an Gestalt, auch die frömmsten Christen haben Augen im Kopf. Und sie erkennen: die Christophobie Europas ist mehr als eine „Christianophobia", wie der besagte Artikel in der IHT es meint, denn real geht es sehr gezielt um ihn selbst, Christus, den Heiland der Welt. Groß ist die Zahl jener Zeitgenossen, die nicht nur Frontstellung gegen die Institution Kirche eingenommen haben, sondern hemmungslos auch gegen die Person, um die es geht. Wie hoch oder wie niedrig ist denn die Zahl derer, die sich in Wissbegier und Sehnsucht diesem Mysterium nähern, um es zu ergründen und dann vielleicht ein Leben lang zu lieben? Halten wir Gläubigen uns immer bereit und geben wir Auskunft, wenn die größte aller Fragen an uns gerichtet wird: **„WARUM BIST DU CHRIST?"**

Ich werde Ihnen helfen: Vor allem will man Aufklärung über Jesu geheimnisvolles Wesen. Er ist **„wahrhaft Gott und wahrhaft Mensch, eines Wesens mit dem Vater"**, wie wir es im Credo sprechen. Er ist die Tür zur Gotteswelt, er ist unsere Zukunft. In meinem langen Priesterleben hat man mir ungezählte Vorschläge gemacht, wer dieser Jesus von Nazareth vielleicht auch gewesen sein könnte, ein Untergott wie im Griechentum, das dem „dêmiourgos" (Demiurg) huldigte, der am Ursprung der Welt schaffend mitgewirkt hat, aber niemals eines Wesens mit dem Vater war, denn so etwas gibt es nicht! Oder der Logos im stoischen Sinn, das unsere interreligiösen Diskussionen vereinfachen würde. Ich erlebe aber, dass es sich die Mehrheit einfach macht: Jesus war eine menschliche Ausnahmeerscheinung und er verdient unseren Respekt. Ende.

Die Worte **„eines Wesens mit dem Vater"** sind aber der vitale Punkt und der ist nicht verhandelbar. Entweder ist man Christ und glaubt dieser Aussage und weiß dann auch von der schwerst errungenen Brücke zwischen Himmel und Erde, die für uns geschlagen wurde, oder man verneint es, dann ist man kein Christ. **„Gottessohn und Menschensohn"** ... wir haben den berühmten PAPYRUS P 46 aus dem 2. Jahrhundert, der den CHRISTUSHYMNUS enthält, Passagen aus dem Brief des Apostels Paulus an die Philipper, geschrieben schon 25 Jahre nach Jesu Tod: **„... er war Gott gleich, hielt aber nicht daran fest, wie Gott zu sein ..."** (Kap. 2). Die Formulierung der Gottessohnschaft war später das Arbeitsresultat des Konzils von Nicäa 325 n. Chr. Und dieser Zentralpunkt darf heute im Namen der allseitig schallenden Toleranzforderungen nicht verkauft werden! Ein Kompromiss, damit der Dialog floriert, wäre absurd, denn in diesem Augenblick verlässt man den Boden des Christentums und befindet sich woanders.

Ich weiß nicht, ob jene, die sich heute aus der Kirche verabschieden, wissen was sie tun. Diese unantastbare Credo-Zeile **„wahrer Gott und wahrer Mensch, geboren vor aller Zeit, Licht vom Licht, gezeugt, nicht geschaffen ..."** fordert doch zunächst eine urpersönliche Entscheidung! Und wenn sie positiv ausfällt, dann wiegt sie mehr als aller Missmut in ihrer Umgebung. Doch wissen wir sehr gut, dass es unter den „Außenstehenden" genügend Wissbegierde gibt. Für sie müssen wir da sein! Wie aber unsere Glaubenssicherheit vermitteln, wie das Herzstück der christlichen Lehre erklären? Wie rechtfertigen? Denn im Zuge unserer derzeitigen ratio-wissenschaftlichen Erfolgsgeschichte fordern sie von uns sofort Beweise ...

Vielleicht entscheide ich mich für eine „Beweisführung", die man im Lateinischen **„ex absurdo"** nennt und die sich oft bewährt hat. BEHAUPTUNG: Christus ist nicht Gott. Gott wurde niemals Mensch. Im innerweltlichen Bereich gab es nie eine Gestalt, die sich Gott hätte nennen können. Nehmen wir die christliche Lehre als schöne Legende, als lehrreiche Fabel. Wenn es Gott gibt, dann nur in für uns unzugänglichen Räumen und Dimensionen, aus denen heraus er empfänglichen Menschen geistige Impulse sendet. Alles andere ist Mythos.

Das Ex-absurdo-Argument ist eine Arbeitshypothese, nach welcher sämtliche Jesusberichte nur ein Strauß von Mythen wären, die Inkarnation, die Passion, die Auferstehung und die ewig geheimnisvolle Eucharistie. Erfahrungsgemäß gelangt man aber über diesen negativen Denkweg überraschend zur gegensätzlichen Konklusion: Wenn die Inkarnation nämlich nicht stattfand und Gott unter den Menschen nicht gepeinigt und getötet wurde, um alles menschlich Erfahrbare und Leidhafte mit uns zu teilen, dann wäre sein Heiligenschein Illusion und Gott als Gott nicht glaubwürdig. Für mich schreit und weint gerade die Passionsgeschichte der Evangelien DIE GANZE WAHRHEIT über Gott in die Welt hinein. Ein wohlgefälligeres Szenario ist mir nicht vorstellbar, wenn man Gott gerecht werden will.

Oder führen Sie die Fragenden gedanklich an den Berg Tabor, den man den Berg der Verklärung nennt. Glauben Sie, Jesu Jünger, mit denen er gemeinsam unterwegs war, hätten, weil sie ihn persönlich kannten, alles im Sprung erfasst? Im Gegenteil, das Verstehen fiel sehr schwer, denn jedes Wort des Meisters war ohne Vergleich. Sie hatten schmerzlich Mühe, hinter diesem vertrauten Gesicht, das sie so liebten, auch noch das transhistorische Phänomen eines KOSMISCHEN Christus zu erfassen, den Gottessohn im Menschensohn. Das mag uns ermutigen. Nur in Minischritten kann man sich diesem Geheimnis nähern, um zu einer inneren Offenbarung zu gelangen.

Das Phänomen der Verklärung... Zusammen mit Petrus, Jakobus und Johannes war Jesus zum Berge Tabor aufgestiegen. Und dort, von einem Moment zum anderen, die unvorstellbar dramatische Szene seiner Verwandlung! Jesus erstrahlte in seiner gesamten Gestalt im weißen Glanz seiner Göttlichkeit. Geblendet schlug es die Jünger zu Boden, zutiefst erschrocken und selig zugleich fühlten sie sich in den Himmel versetzt und baten Jesus, bleiben zu dürfen – nichts als bleiben! Ihre Reaktion erinnert an jene seltsamen Nahtod-Erlebnisse von Verunglückten oder OP-Patienten im sogenannten **„out of body state"**, unerklärlich klar bei Verstand den Himmel offen sehend und nichts als bleiben wollend. Später, nach der medizinischen Rettung, können sie diese erlebte Lichtintensität nicht in Worte fassen, **„weil es dieses Licht bei uns nicht gibt"**.

Das Tabor-Ereignis erkläre ich mir etwas anders als gewöhnlich: Nicht Jesus hatte sich plötzlich auf dem Berg verwandelt, sondern seinen Jüngern hatte er einmal den REINEN BLICK geschenkt, wobei ihr Verstehen überirdisch hell erleuchtet wurde. Er zeigte ihnen an diesem höhergelegenen, stillen Ort die Innenseite ihres Sehvermögens in der größeren, der göttlichen Schau. Das ist meine eigene Interpretation, und ich empfinde diesen Erfahrungsbericht für uns richtungsweisend: Unsere Augen sehen das Gewöhnliche, doch plötzlich **„geht uns ein Licht auf"**, es reißt ein Schleier über den Dingen, wir sehen mehr und verstehen den Zusammenhang, unser Blick hat sich geweitet zur anderen Dimension hin. In der Schilderung der Jünger vom Berge Tabor strahlte jenes Licht, in dem sie Jesus wahrgenommen hatten, weißer als alles andere in der Schöpfung, **„und sein Gesicht leuchtete wie die Sonne"**. (Mt. 17, 2-9)

Auch unsere Kirche machte diese Erfahrung. Obwohl am Kreuz eindeutig verstorben und begraben, ist Jesus etwa fünfhundert Menschen an weit verstreuten Orten in eben diesem

Himmelslicht erschienen. Und noch immer brauchte es viel Zeit, bis die Jünger das Wesen ihres Meisters vollkommen erkennen konnten. Erst seine Auferstehung und Entrückung, die wir Himmelfahrt nennen, war ihr Schlüsselerlebnis. Dann machten sie sich an die Arbeit und schrieben alles nieder, **„was von Anfang an gewesen, was wir gehört und mit eigenen Augen gesehen, was wir geschaut und unsere Hände berührt haben, das künden wir vom WORT DES LEBENS“** (Erster Johannesbrief). Gott war hier. Das Antlitz eines Liebesgottes wurde uns einmal gezeigt. Diese Notwendigkeit lässt sich innerhalb der Liebeslogik gut begreifen und vermitteln. Entweder ist Gott Liebe und tut für seine Menschen diesen Wahnsinn, oder er ist es nicht und entzieht sich folglich allem Leid.

Das führt zur nächsten Folgerung: Wenn dem tatsächlich so wäre, dann stünde Gott moralisch unter uns, denn wie viele Menschen wären ihm in ihren Liebesangelegenheiten überlegen! Wie viel Leid und Gefahr wird alle Tage aus Liebe ausgehalten und vereinzelt auch der Tod für einen anderen. Es gibt über die Hingabe hinaus noch die Selbstaufgabe aus „grenzenloser Liebe“. Und unser Vater, aus dem wir stammen, sollte dazu nicht imstande sein? Der Schöpfer muss doch seine Geschöpfe in allem überragen!

Insofern ist der göttliche Beweggrund einer Menschwerdung für mich nicht rätselhaft, sondern von fast mathematisch logischer Klarheit. Aber sie bleibt auch das ewige Ärgernis für die Nichtchristen und insbesondere für die frommen Muslime unter uns. Sie weigern sich strikt, auf diese „Unlogik“ einzugehen, und ich verstehe sie. Ihr unendlicher Allah besitzlos unter uns endlichen Wesen umherwandernd, hungrig und müde wie wir – niemals! Am Ende geschmäht, brutal gequält und von seinen Freunden verlassen – niemals! Hilflos leidend am Kreuz und sterbend vor aller Augen – niemals! Einen scheiternden Gott gibt es nicht.

Wir müssen zur Kenntnis nehmen: der islamische Gott leidet nicht. Unsere christliche Kunstgeschichte, so sagen sie, sei blasphemisch und die blutenden Gotteswunden eine Zumutung. Also gehen sie uns aus dem Weg. Gewiss, ihr Allah hat Mitgefühl, er sei der Barmherzige, sagt de Koran, und das ist ein wesentliches Wort über Gott. Der Abstieg des Schöpfers aber in seine Schöpfung und bis ans Kreuz führt uns Christen zu einer ganz anderen Ehrfurcht und veranlasst unzählige mutige Verkünder seit zweitausend Jahren, ihre eigene Passion zu bejahen... **„Selig, wenn ihr der Gerechtigkeit zuliebe leiden müsst. Fürchtet keine Drohungen, lasst euch nicht einschüchtern, haltet in euren Herzen Christus heilig. Seid stets bereit, euch jedem gegenüber zu verantworten, der über diese eure Hoffnung Rechenschaft von Euch verlangt. Bewahrt euch dabei ein ruhiges Gewissen mit Sanftmut und Ehrfurcht“** (Erster Petrusbrief).

Zeitlos übergreift dieses Drama alle Geschichte. Christus ist das Alpha der Schöpfung: **„am Anfang war das Wort und das Wort war bei Gott“** schreibt Johannes. **„Alles hat in ihm Bestand“** schreibt Paulus. Die Menschheitsgeschichte ist seine Geschichte: **„er kam in sein Eigentum, aber die Seinen nahmen ihn nicht auf“** schreibt Johannes. Der Geschmähte, Gefährdete, Gebrochene – ja, bis zu dieser Schmach ließ sich Gott herab: **„Er ward geschmähet, verhöhnet und verachtet, von allen verschmähet, ein Mann der Schmerzen und beladen mit Gram“** – das sind Ihnen wohlbekannte Worte aus Händels „Messias“ (Nr. 21, Arie), und: **„Alle, die ihn sahen, lachen ihm Hohn, verspotten ihn frech und schütteln das Haupt“** (Nr. 25, Chor). Dieses große Oratorium wird auf der ganzen Welt aufgeführt, in Teilen auch bei uns in Alexandria zur Weihnachtszeit, und es gibt keine Unterlagen darüber, wie viele Seelen es ergriffen und vielleicht verwandelt haben mag. Der vertonte Text behandelt die vollständige universale Heilsgeschichte in der innigsten Heilsgewissheit: **„Durch seine Wunden sind wir geheilt“** (Nr. 23, Chor).

Der neu aufstrebende Atheismus hat dieses Leidensmysterium noch immer nicht verstanden, er hat es nicht einmal als Hypothese zugelassen, insofern ist mir seine Gottesleugnung auch verständlich. Das Vorurteil eines Atheisten richtet sich gegen einen Gott, den es gar nicht gibt. Sein Gott wäre auch mir zuwider. Aber eines Tages wird der wahre Gott auch ihre Wunden heilen, wie wir es im „Messias“ singen, **„dann wird sich auftun das Auge des Blinden und des Tauben Ohr wird hören, der Lahme wird springen wie ein Hirsch und der Stumme wird singen“** (Nr. 17, Rezitativ).

Franz Kafka war kein Christ, er war Jude, aber an Christus kam auch er nicht vorbei: **„Christus ist ein lichterfüllter Abgrund. Man muss die Augen schließen, um nicht abzustürzen“**. Liebe Freunde, **„gehet hin in alle Welt und verkündet…“** – dieser Auftrag ergäbe sich eigentlich von selbst, hätten ihn die Jünger nicht aus dem Munde des Heilands selbst vernommen (Mt. 28, 19+20). Werden wir heutigen Apostel nicht mutlos, auch wenn unsere Worte ins Leere stoßen oder zurückprallen von hohen Mauern, denn daran hat sich seit zweitausend Jahren nichts geändert. Auch die Urkirche erlitt es, denn die verborgene Wirklichkeit in ihrer feinen Logik drang nur schleppend ins Bewusstsein der Menschen. Irritationen sind zu keiner Zeit ausgeblieben. Jede apostolische Arbeit wird für ihre Wahrheit zu kämpfen haben, denn ihr Reich ist nicht von dieser Welt.

Nur wünschen wir uns eines: dass jene Beurteiler aus der Außenperspektive, die sich weigern, näher zu treten, unsere Gotteshäuser zu besuchen, unsere Bücher aufzuschlagen, SCHWEIGEN würden. Auch kann sich den ehrlich Interessierten dieses große Weltmysterium nicht auf flüchtigem Weg erschließen. Nichts Wesentliches ist auf diese Weise wahrzunehmen, ihre inneren Sinne werden nichts sehen, nichts hören, nichts fühlen, nichts erkennen. Leider aber schweigen sie nicht, sondern diskutieren ohne Ende das Unbegriffene.

KAPITEL VIER

DER MYSTIK GEHÖRT DIE ZUKUNFT

„Nur vom Verwandelten können Verwandlungen ausgehen“
(Sören Kierkegaard)

Meine lieben Freunde! Die Meldungen aus der wissenschaftlichen Forschung erstaunen, verblüffen und oft schockieren sie auch. In Europa haben Wissenschaft und Technik derart an Faszination und Stellenwert gewonnen, dass man sie zur Quasireligion erklären könnte und in Frankreich gibt es gar ein neues Wort: le scientisme. Die Labors fördern Unglaubliches zutage und wollen uns das Leben heute noch erklärbar und morgen machbar machen. Deshalb habe ich einige meiner Vorträge in verschiedenen Städten Europas „Der Mystik gehört die Zukunft“ genannt, weil man hier leichter glauben möchte, nur der Wissenschaft gehört die Zukunft.

„Gestatten, Robo sapiens!“ titelte eine Zeitung. Der Mensch arbeitet an der künstlichen Intelligenz. Künstliches menschliches Sperma hat er schon entwickelt – laut Fachzeitschrift „Stem Cells and Development“. Dagegen war das geklonte Schaf Dolly noch eine harmlose Trophäe. Inzwischen klonen die Chinesen fleißig Menschen aus Hautzellen laut Fachzeitschrift „Cloning and Stem Cells“. Und die International Herald Tribune titelte mit einer Meldung aus dem New Yorker Forschungszentrum der Cornell University: **„Human embryo engineered!“** Der Mensch erschafft den Menschen. Dazu eine lakonische Presseäußerung: **„Jetzt sind wir dem Designer Baby ein Stück näher.“** Mischwesen aus entkernten Eizellen von Kühen und menschlichen Zellkernen gibt es ja schon eine Weile …

Das sind Sensationsmeldungen aus der Forschung, über die sich die Medien gerne hermachen. Wir wissen natürlich auch um den Ernst und den Sinn des Ganzen, z. B. für den Fortschritt der Medizin. Leider aber lassen die spektakulären Ergebnisse in ihrer kaum noch fassbaren Komplexität nichts Einheitliches mehr erkennen. Wirklich verstehen kann man aber nur das Ganze unter einem allumgreifenden Blick, und dieser Blick muss wiederum ausschwingen ins Geistige. Zumeist fehlt das eine wie das andere. Es fehlt an einer alles vereinenden Weltsicht, weil es an entsprechenden philosophisch-naturwissenschaftlichen Denkern fehlt, die mit kühnen Synthesen aufwarten, welche auch die höher liegenden Dimensionen der Wirklichkeit einbeziehen. Es fehlt an Forschergeist, der integrativ arbeitet, der verlässlich eine Vision vom EINEN hat, vom GANZEN. Es fehlt an Mystikern, die sich mutig selber melden und sich mit der Wissenschaft ins Gespräch begeben … Denn diese wissen es längst: der Mystik gehört die Zukunft, und sie wird eine religiöse sein. Dann würden sich heute mehr Naturwissenschaftlicher ganzheitlich orientieren, sie würden in verschiedenen Dimensionen spirituell denken und arbeiten.

Beispielsweise wären es heute noch wenige Wissenschaftler, die von äußeren und inneren Sinnen des Menschen sprächen – das Zeitalter der Mystik liegt noch hinter einem Schleier. Ich erkläre mich: Weil unsere Seele die Tendenz hat, ihr nahes Umfeld in sich aufzunehmen, sind wir mit einem besonderen Sensorium ausgestattet – den inneren Sinnen. Aufgrund bestimmter Wünsche und Nöte hat die Evolution den Tastsinn entwickelt, später das Seh- und Hörvermögen, den Geruch und das Geschmacksempfinden, die uns wohlbekannten äußeren fünf Sinne, welche den jeweils geistigen, inneren Sinnen entsprechen. Der Körper hat nur das herangebildet, was er wirklich brauchte und das bedeutet, dass es ihm die allgegenwärtige Seele zugeflüstert hat, indem sie die inneren Sinne animierte. Unsere inneren Sinne aktivieren die äußeren Sinne und versammeln sie zu einem beachtlichen Kräftearsenal.

Wenn Sie die Dinge und Wesen unserer Welt mit dem „inneren Blick" betrachten, dann sehen sie nicht etwa weniger, sondern sehr viel mehr, sie erfassen wirklich das Wesentliche! Sie können verinnerlicht hören und fühlen, das Ihnen mehr bringt, als Ihre äußeren Sinne, perfekt durchprogrammiert, jemals zu leisten imstande sind. Sie leben anders, wenn Sie spirituell leben, ganz anders. Und das geschieht durch das häufige Einsetzen der inneren Sinne. Wann lernen die Menschen wieder, auf die reiche Stille zu hören? Wann wird sich ihr Hörvermögen vergeistigen? Stattdessen stellen sie sich freiwillig und bis in die Nacht unter Dauerbeschallung.

Und sie verausgaben sich im Sexualleben ohne innere Richtung, ohne Maß, ohne persönliches Ziel. Anhaltender Sinnenrausch führt zu Sinnverlust – nur einen halben Meter entfernt vom Nihilismus. Wie froh wäre, ich, wenn das nur ein pikantes Schauermärchen wäre, leider ist es bittere Wirklichkeit. Wenn ich Sie, liebe Freunde, heute Abend aufmerksam betrachte, dann nehme ich Sie anders, aber ganz in mich auf, denn das wünsche ich. Sie sollen mir nicht nur „vor Augen stehen", ich will Sie nicht äußerlich, sondern innerlich erfassen und so Ihr Bild in mir verwahren. Nur in einer gewissen Tiefenzone gibt es Erinnerung. Aber leider erlebe ich auf Schritt und Tritt, wie der heutige Mensch am Voyeurismus nur verflacht und wie an einer Krankheit leidet, ohne es zu wissen. Er will ohne Pause absorbieren und er wählt nicht einmal mehr. Diese Lebensweise kann nur bitterlich enttäuschen, wenn er sich nicht entschiedet, die Welt mit seinem Innersten aufzunehmen. Nur das Herz hält fest. Nur das Herz versteht. Die Mystik erwartet uns alle.

Früher waren die Menschen diesen Wahrheiten näher als heute. Durch mythische Erklärweisen in rankender Erzählkunst fanden sie in allen Kulturen einen Sitz im Leben und im Kosmos. Später kam dieses Weltbild ins Wanken und wurde von der Ratio schließlich zum Verschwinden gebracht. Der religiöse Kult verblasste und selbst dem Bedürftigen und Leidenden wurde die Gewissheit geraubt, dass, wenn er die andere Dimension anrufe, jemand zuhöre.

Nur gibt es bis heute für die moderne Welt ein Problem, denn **„das Wesentliche ist für die Augen unsichtbar“** (Saint-Exupéry). Wer unterscheidet noch genau? Es gibt viele Kenntnisse und es gibt „die“ Erkenntnis, das Wissen. Fast stehen sie sich gegenüber. Wir meinen, die Welt läge unserem Intellekt zu Füßen, die Erfolge blenden uns, dabei gleiten wir in Seitenwege ab, bleiben stehen und verlieren das Wichtigste aus den Augen – das EINE. Noch einmal: der schwindelerregend-wunderbare Fortschritt der Wissenschaft operiert mit ständig neuen Kenntnissen, und doch betreffen diese, geistig gesehen, nur die Außenseite der Existenz. Das Erkennen der Welt, seine innere Weisheit, steht dann entfernt irgendwo, anstatt die erworbenen Kenntnisse von innen auszufüllen. Dorthin möchte ich heute Abend mit ihnen gehen, an den Zielpunkt allen Denkens und Forschens.

Bereits vor 150 Jahren stellte sich der französische Philosoph und Begründer des Positivismus, Auguste Comte, die Weltentwicklung in drei Etappen vor, denen ich – wie Sie bemerken werden – mit Vehemenz eine vierte hinzufüge. Seine dritte und letzte, die er als Religion ausrufen wollte, war doch nur eine Vorstufe. Er hatte alle Naturgeister, Engel und Dämonen stufenweise entmachtet und wähnte sich im vollendeten Zeitalter, dem positivistischen, dem des rein rationalen Denkens, dem der wissenschaftlichen Beobachtung und Berechnung, des Messens, Wägens und Experimentierens. Kein Platz für Spirituelles, oder auch nur einen Hauch davon, eine Eventualität. Comte war erhaben über diese „Träume". Es ist erstaunlich, wie zäh sich seine Weltanschauung bis ins gegenwärtige Frankreich und darüber hinaus am Leben hält. Eigentlich gibt sie noch heute die Richtung vor, obwohl wir uns längst in der Postmoderne befinden, in der Versäumtes aufgeholt werden soll. Das ZEITALTER DER MYSTIK zeichnet sich ab.

Das betrifft eine Wiederbelebung, denn es wird nur ein versunkener Schatz gehoben. Die Moderne hat ihn nicht erstickt und verschwinden lassen, sie hatte sich nur blickdicht abgeschirmt und intellektuell versichert gegen alles, was im Rahmen einer göttlichen Perspektive je gedacht werden könnte und setzte dafür den Menschen auf einen Thorn ins Zentrum. Dort sollte er mit Lorbeerkränzen die Wissenschaften feiern – diese aber haben ihn amputiert, wenn nicht seelisch-geistig beschädigt. Einzig seine Verstandeskapazität wurde gerühmt, das rationale Ausforschen des Lebens. Wie sollte das große Mysterium „Mensch" dabei nicht verdunkelt werden? Die Dimension seines höheren Selbst konnte nur noch von wenigen verschwommen wahrgenommen werden. Verschwommen, denn wer die Welterscheinungen in ihrer unendlichen Fülle auf das reduziert, was er sehen und berühren, oder was ihm der Computer ausrechnen kann, der ist arm.

Die vielgepriesene Multidisziplinarität ist auch eine Hürde, das unausrottbare Kästchendenken auf nahezu allen Feldern. Ein Beispiel ist die Medizin, die sich in zahllose Bereiche und Nebenbereiche aufgegliedert hat. Die Katastrophe tritt pünktlich dann ein, wenn das einheitliche Bild des Patienten abhanden ging und sich keiner der Experten zuständig fühlt. Dann lassen sie den Schwarzen Peter kreisen.

Aber der Gottesgeist inspiriert, er lässt die Entwicklung nicht taumeln. Es gibt unter uns immer mehr zukunftsweisende Forschergeister, die sich auf die Anthropologie, die Soziologie, die Psychologie und die Psychoanalyse beziehen wollen und die auch fortschrittlich das Feld des Unbewussten betreten. Sie wollen mehr, sie wollen auch der Seele näher kommen, **„der Seele, dieser grünen Lebenskraft des Fleisches"** (Hildegard von Bingen). Sie befassen sich mit ganz verschiedenen Bereichen gleichzeitig, die sie längst nicht mehr als getrennt betrachten, sondern als komplementär. Wichtige Kenntnisse solcher Art führen zu Wissen im Sinne von Weisheit, zur Erfahrung der inneren Einheit aller Phänomene.

Hinsichtlich des Menschen klafft noch immer diese Lücke im Ganzen, welche die Sensiblen spüren. Neben allen Forschungsreisen durch die Außenbezirke des Daseins muss der Mensch vor allem zu sich selber finden, um eines Tages vor einem ganz besonderen Tiefenraum zu stehen: vor seinem eigenen Geheimnis. Warum mahnte im antiken Delphi der Apollotempel den Eintretenden mit den Worten **„Erkenne dich selbst!"?** Darauf antworte ich mit einem wunderbaren Wort von Clemens von Alexandien: **„Wer sich selbst erkennt, erkennt Gott"**. Und dabei geht es durchaus nicht nur um ihn allein, er wird auch die Welt und das Menschsein erkennen und begreifen.

Jenseits der sichtbaren Welt existiert eine innere, jenseits der Verstandes- und Gefühlswelt des Menschen, existiert die noch tiefer liegende Zone des Lebensgeistes. Sie ist der Herzensbereich im biblischen Sinn oder der Ort der Weisheit im Sinn von Pascal und seines mitreißenden Erleuchtungserlebnisses. An diesem Ort sammeln sich alle Qualitäten des Menschen, um ein lückenloses Ganzes zu bilden – in einem einzigen Punkt. Dort erlebt er nicht nur geradezu anschaulich das EINE und GANZE, sondern auch sich selbst, seine Person, voll und ganz hineingenommen in dieses EINE und GANZE. Dort kann er den höchsten Frieden finden, der für ihn im Diesseits möglich ist. Seligkeit! Ohne sich seinen geistigen Wurzelstock immer wieder bewusst zu machen, bleibt der Mensch vom wahren Lebenssaft getrennt.

Liebe Freunde, es ist immer die Mystik gewesen und sie ist es noch heute, die uns solche Erfahrungen schenken kann, sie möchte uns an der Hand führen und in diese ursprüngliche Einheit zurückbringen, dort an diesen letzten Ort, wo alles hell wird. Weil mir bei meinen Vorträgen zwangsläufig die Worte dafür ausgehen müssen, behelfe ich mir bewusst mit einer extrem einfachen Sprache und nenne diesen Ort **„das Innerste des Inneren"** oder **„das Herz des Herzens"**. Ohne den mystischen Weg eines Tages zu gehen, zersplittert sich der Mensch oder bleibt im Gestrüpp der Vielheit stecken. Das ist sein Dauerproblem, über das er sich einmal klar werden muss. Es ist überhaupt das Problem unserer Zeit. Der Weg, der zum EINEN führt, heißt Mystik und das bedeutet zur Einheit mit sich selbst, zur Einheit mit seinem beruflichen Leben und seiner Liebe, zur Einheit mit seinen Mitmenschen nah und fern, zur Einheit mit dem Göttlichen, zur Einheit mit der Natur.

Es gibt letztlich nur eine Mitte, es ist die göttliche Mitte. Von Gott her gesehen gibt es nur seine Mitte und aus diesem göttlichen Sein stammen wir alle und kehren dorthin zurück. Gott ist kein Irgendwo, sondern Mittelpunkt und Herz aller Wirklichkeit, er ist die absolute Wirklichkeit selbst. Und er ist als klarer Punkt in jedem von uns auffindbar, vollkommen klar und hell! Mystische Erfahrung ist eine Brennpunkterfahrung, aus ihr strömt lebendiges Licht und höchstmögliche Freude in der Einswerdung der menschlichen Seele mit dem Göttlichen. Hymnische Aussagen dieser Art mögen Suchende ermutigen und geistlich beflügeln, sie finden sich auch im islamischen Sufismus. Wir Christen wurden von der großen spanischen Mystik beschenkt und hatten zuvor bereits einen Meister Eckhart und später einen Angelus Silesius und andere – bis in die Neuzeit z. B. zu Simone Weils Ausruf zur **„selbstlosen Aufmerksamkeit und Erwartung des unbedingt Guten“**, dem Göttlichen.

Ist nun die etwas wärmere Postmoderne eine Reaktion auf die vorangegangene kühle Periode der Moderne, so wie diese einst ihre Aufklärung über das eher düstere Mittelalter bringen wollte? Welches Korrektiv strebt sie an? Die Postmoderne will den verschütteten Tiefenraum wieder freilegen und übt sich in anderen Zugangsweisen zur Wirklichkeit, nicht mehr mit der Ratio allein, sondern auch mittels der Intuition und des Gemütes, vor allem will sie mit verschiedenen Mitteln gleichzeitig arbeiten.

Damit ist die Postmoderne auch bei der Erforschung des Weiblichen angekommen, während die Moderne überwiegend das Männliche interessierte. Die Frau denkt ganzheitlich und wärmer. Ausgestattet wie der Mann mit bester Logik, denkt sie gleichzeitig mit dem Herzen und selbst mit ihren Eingeweiden, die Frau hat viele Antennen! Zudem erforscht die Postmoderne die Natur in neuer Weise, auch hier ist der Ansatz oft ganzheitlich, und dabei bedeutet ihr weniger mehr: sie bevorzugt die „innere Armut“, gemeint ist das Schlichte, das Einfache, das sie auf ihrer Suche nach dem Urgrund des Menschlichen ins Blickfeld nimmt. Sie weiß, das Große ist einfach. Sie weiß, das Einfache ist reich, es leitet zur geistigen Mitte.

Weil mystische Erfahrungen persönliche Begegnungen sind und weil man weiß, dass es keine weitere Überhöhung mehr geben kann, sprechen Mystiker seit biblischen Zeiten (siehe das Hohelied) von einem Liebesakt und noch endgültiger von einer hochzeitlichen Vereinigung. Jesu Aussage **„der Vater und ich sind eins"** (Joh. 10, 30) ist eine mystische Totalerfahrung – UNIO MYSTICA. In diese Räume des Seins reicht keine Wissenschaft, auch keine angestrengt metaphysische Betrachtung und keine Emotion, so tränenreich sie sein mag. Wissenschaftliches Denken arbeitet immer auf der horizontalen Ebene und besitzt seinen wertvollen Platz im Spektrum allen Erkenntnisstrebens, doch nur die Mystik dringt an den letzten Grund der Wirklichkeit hinab. Also gebe ich ihr den ersten Stellenwert. Und sie hat dem menschlichen Leben gegenüber etwas Begeisterndes!

Pater Henri de Lubac, SJ, (gest. 1991) schrieb: **„Die mystische Begeisterung ist kein Luxus. Ohne sie ist das moralische Leben in Gefahr, nur ein Rückzug zu sein, die Askese Dürre, die Gelehrtheit Schlaf, die religiöse Praxis Routine".** Hier wird die tiefe Freude an der Mystik gezeigt und ihre ernste Notwendigkeit angesagt. Wenn die Menschheit bald dorthin finden könnte, wäre die Gier besiegt, die unser Leben verseucht.

Für die westliche Konsum- und Spaßwelt ist es brandeilig, den Weg nach innen einzuschlagen, hin zu diesem Zentrum ungeahnter Kräfte. Arbeitslast und Arbeitsstress lassen diesen Weg nicht zu, werden Sie mir sagen, und ich ergänze: auch das viele Angenehme, das Sie sich leisten, will ihn gar nicht! Die Flut der Eindrücke kann von allen Sinnen und gar von der Seele nur mangelhaft verdaut werden, es belastet alles viel mehr als es den Menschen jemals fördern könnte. Weshalb gehört der Mystik die Zukunft? Weil sie das, was wesentlich ist, für den Menschen bereithält und sich immer mehr Menschen nach dieser Sammlung sehnen werden. Dann können sie von dieser ruhigen Mitte aus die Welt beobachten und beurteilen, sie werden ihren Mitmenschen nicht halbherzig und gestresst, sondern vollmenschlich begegnen, weil sie selbst mit sich im Reinen sind und den Universalblick für das Eine und das Ganze gewonnen haben. Ausgehend von diesem Punkt.

Interessant, wie sich hier zwei gegensätzliche Regungen vereinen, weil dieser Punkt eben alles in sich versammelt: der mystische Mensch, der Erfahrene, betrachtet die Dinge und Wesen distanziert und zugleich vereinnahmend im Sinne des alten Wortes „Sapientia". Sapientia ist die Kunst des Schmeckens und geistigen Verkostens, denn es geht tatsächlich um eine Einverleibung, **„Das Leben auskosten"** ist im Grunde ein schönes, ein gutes Wort, ein richtiges, denn es birgt die Erkenntnis, dass alles zusammen genommen werden soll, weil alles zusammengehört. Mystik ist die Erfahrung dieses allumfassenden Einen. Der neu Erwachte, der anders Erwachte, erlebt das Dasein in der notwendigen Distanz, zugleich aber kostet er seine Substanz! In diesem Zustand, an diesem Ort „handelt" die Mystik, sie befreit den Menschen von falschen Vorstellungen.

Wenn ich „Ort" sage, dann denke ich sofort an Ignatius von Loyola (gest. 1556), der diese Befreiung tatsächlich an einem beschriebenen Ort erleben durfte, in einer Grotte beim spanischen Manresa am Ufer des Guardamarflusses traf ihn der Blitzstrahl des Erkennens, die umfassende Erleuchtung. In inneren Visionen schaute er den Wesenskern des Universums, des menschlichen Daseins und der Dreifaltigkeit Gottes. Alles

„erlebte“ er. Und Sie werden mir sagen, Ignatius war ein Heiliger, gewöhnlich Sterbliche wie wir werden das nie erleben! … Liebe Freunde, die Mystik gehört deshalb der Zukunft, weil sie für alle gedacht ist, die sich öffnen, wer immer er sei, wo und wie immer er lebt. Der langsam Erkennende macht sich in persönlichen Schritten, die von sehr unterschiedlicher Art sein können, dazu bereit, er macht sein Zentrum hellhörig und hellsichtig für die andere Dimension und kann zu einer unerwarteten Stunde von ihr überwältigt werden. Vielleicht am helllichten Tag am Bürotisch, vielleicht bei einer Kinderbetreuung, vielleicht beim Wandern, Lesen oder Weinen. Auch ein Krankenbett kann eine Vorbereitung sein.

Erleben wir nicht vielfach im Alten Testament solche Erfahrungen mit und hören die Weissagungen, dass eines Tages alle Menschen mystische Erlebnisse haben werden, alle Menschen, Junge und Alte? Die Propheten wussten um die geistige Entwicklung der Menschheit, sie wussten, dass die Sehnsucht nach dem Hellen und Reinen stetig wächst, dass aber diese Läuterung zur Eigeninitiative mahnt und der Weg über gewisse Stufen von Überwindungen des Ich-Antriebs zum Selbstverzicht führen muss. Dieser Weg verästelt sich dann nicht mehr in tausend verlockenden Seitenwegen, sondern führt von der Oberfläche direkt ins Innere und Innerste, weil das Wegziel gekannt wird. Viel zu viele unserer heutigen intellektuellen Eroberungen, die zunächst faszinieren, schenken uns geistig gar nichts und, schlimmer noch, sie demütigen und versklaven den Menschen. Die fortwährend versprochenen Wunschziele blenden und verblenden ihn so stark, dass stille Ahnungen sofort wieder verblassen. Aus diesem Grund braucht es den Heroismus vieler, die das Ruder herumreißen und viele mit sich nehmen.

Hier sind wir bei der **Askese**. Wenn der mystische Weg auch ein Herzensweg ist, so ist er zunächst nichts Liebliches, sondern fordert eine strenge Askese, gemeint ist die bewusste Schaffung einer freien Zone zwischen sich selbst und dem Treiben der Welt. Werde ich die Welt besitzen oder lasse ich es zu, dass sie mich besitzt? Das ist die Frage. Der Weg in die Mystik kann ein sehr steiniger sein, kein fröhlicher Pilgermarsch über lichte Höhen, mitunter führt er durch finstere Tunnel. Tief erlebt und stark beschrieben von den schon erwähnten spanischen Mystikern.

Wenn Sie sich gute Fachliteratur über das Wesen der Askese beschaffen, dann wird darin der Mystische Weg nicht fehlen. Mystik und Askese kennen einander, es sind gute Freunde. Beide lassen den Suchenden wissen, dass er vor dem Erleben der reinen Geisteswelt einen Sprung zu tun hat. Vollzug einer Ablösung von zu vielem Haben, das ihn irritiert und belastet und das keinesfalls nur materieller Natur sein muss. Aber seien wir getrost, unser Weltbewusstsein und zugleich unser individuelles, ist in geheimnisvollem Steigen begriffen und mit ihm profiliert sich auch der menschliche Wille, aus den bestehenden Verkettungen auszubrechen.

Es wird die Notwendigkeit des frohen Verzichtes erkannt – das ist der Schlüsselbegriff – VERZICHT. Denn dieser Weg führt wirklich in die Freiheit, die im Grunde jeder von uns gern umarmen möchte, die innere wie die äußere Freiheit. Verzicht auf das Konsumverhalten wäre zu wenig, es geht um mehr. Denn die noch immer verbleibende, gut verheimlichte Leere im Herzen kann nicht im Handumdrehen ausgefüllt werden. Es geht um sehr viel mehr. Der Mensch ist anspruchsvoll, er braucht etwas anderes, es geht um das Ganze, das Letzte! Und dementsprechend müssen die Mittel sein, die er einsetzt.

Die spanischen Mystiker trieben den Verzicht ins äußerste Extrem, sodass sie schließlich von der Nacht der Sinne sprachen. In ihrer Selbstabtötung fanden sie zum Ende aller Eigenwünsche, selbst des Fühlens. Es war die konsequente Absage an ihr Ego und sie erlebten sich buchstäblich in der Nacht. In höchster Poesie hat Johannes vom Kreuz schwarze Worte gebraucht über die Nacht des Geistes, die Nacht der Seele, über die vollständige Gottferne und den spirituellen Tod. Ein Mystiker taucht ein in etwas sehr Tiefes und Mysteriöses, die Welt entzieht sich ihm, es vergehen ihm wortwörtlich die Sinne. Erlebt wird eine Art Todespassage, er stirbt sich selber ab. Aber Tod und Auferstehung bilden immer ein Ganzes! Nach dieser Erfahrung erwacht er in überirdischer inneren Helle und Dankbarkeit.

Der Wortbegriff „**Nacht**“ ist im Sprachgebrauch der Mystik fest verankert, und wenn vom Tod gesprochen und gedichtet wird, dann ist es das sterbende Ego. Das wird religionsübergreifend auch in Asien zentral gefordert! Auch im Sufismus ist es gegenwärtig und natürlich allezeit im ernst genommenen Christentum. Der echte Mystiker erfährt sich zuweilen, splitternackt und arm in diesem Zwischenreich, das er als Todesnacht erlebt, denn es ist mehr als eine Ablösung, es ist reine Entblößung. Jesu wiederholte Worte vom Egotod betreffen die tausendfache Erfahrung dieses inneren Befreiungsprozesses. **„Wer sein Leben verliert, wird es gewinnen“**, denn die Hürde, die Mauer, ist nichts anderes als das eigene Ego.

Das spirituelle Europa hat derzeit dem Buddhismus den roten Teppich ausgerollt. Aber auch er lehrt die härteste Kampfansage an das Ego als grundsätzliche Vorbedingung für alles Weitere. Er hat dafür asketische Praktiken entwickelt, die im Westen gern umgangen werden. Für leichtgläubige Europäer ist der Buddhismus der momentane Hit, man spielt mit dem exotischen Flair und schmückt das Ganze mit Lotosblumen und durchaus hohen Gedanken aus, ohne sich auf den geforderten Egobruch einzulassen. Wir sprechen später noch davon. Ich beobachte das hier aus der Nähe sehr genau und möchte gern diese Europäer fragen: versteht Ihr überhaupt, was dieser strenge fernöstliche Weg Euch abverlangt? Ohne sein sperriges Ego zurückzulassen, passt keiner durch das Nadelöhr und erreicht das Zentrum nicht – die mystische Erfahrung bleibt aus.

Die Versklavung des Einzelnen durch das eigene Ego ist oft nicht erkennbar; besonders schwer im Konsumverhalten, das kurzzeitig euphorische Freuden auszulösen versteht, ist die Versklavung eher subtil. Sie arbeitet im Verborgenen im Menschen, stark und oft an erster Stelle, das für mich menschliche Tragik bedeutet. Wer alles mit sich geschehen lässt, weil die Welt ihn besitzt, dem wächst der Egopanzer immer fester um sein kostbares Inneres, das dabei zusehends – für Außenstehende! – unsensibler wird. Ich weiß, das Wort Egoabtötung hat seinen unsympathischen Klang, doch signalisiert es die Notwendigkeit, dieser hart und härter werdenden Schale entgegenzuwirken. Menschsein heißt Werden. Menschsein heißt Vervollkommnung, indem man immer zugänglicher für seine Mitwelt wird – und für die göttliche Dimension. Das ist unser geistiges Programm. Nur im langsamen Schwinden unserer Egozentrik werden wir frei. Der in sich Verharrende lebt im schrecklichsten Gefängnis der Welt, das sich denken lässt.

Neben dem Begriff der Nacht gibt es noch ein anderes viel gebrauchtes Bild – die **„Wüste“**. In ihm steckt der Hinweis, das es kein schnelles Ankommen geben kann und dass man dem inneren Kompass folgen muss. Die Wüste als Symbolwort für eine wesensfremde Zone, die es zu durchschreiten gilt, für Anstrengung, für das Zurücklassen vieler unnützer und falscher Dinge. Diese Entäußerung, die zur Selbstverleugnung führen soll, beschreibt den spirituellen Tod in anderer Weise. Unsere Bibel, wenn Sie wollen, hält dafür alle notwendigen Bilder bereit, sie ist ein Handbuch der menschlichen Existenz, das unser Bestes will.

Möglicherweise liegt eine Wüstenstrecke der Entbehrung und drohenden Entmutigung oder ein Höllengang böser Schmerzen schon hinter Ihnen, tief saß der Stachel im Fleisch, einen Kreuzweg sind Sie gegangen, aber Sie haben es geschafft und gut geschafft! Wie durch sanfte Hand aus der Finsternis geborgen wurden Sie zurück ins Licht gebracht, ohne etwas davon zu verstehen. Aber Sie haben dabei Ihr wahres Leben gewonnen, weil Sie es einmal fast verloren hatten in der tödlichen Bedrohung. Der intensiv erlebte Schmerz hat auch hier seinen Wert, er hat Sie empfindsamer und auch gelassener gemacht, Ihr Wesen hat sich vereinfacht – und das ist das Beste, das Ihnen geschehen konnte, denn in der Einfachheit hat es sich innerlich geeint. Vielleicht war das Geschehen ein authentisch mystisches und erst heute wird es an den Früchten ablesbar.

NACHT und WÜSTE … Ich möchte noch andere Vorgangsweisen nennen, um konkreter und vielleicht ganz praktisch zu Ihnen zu sprechen, das ja immer gewünscht wird. Sagen Sie sich einmal das folgende: Wenn es nicht ein „radikaler Wüstengang“ sein kann, dann gehe ich in meinem Alltag dort hinein in eben dieser Geisteshaltung. Hier kann ich ohne den betonten Zweikampf mit meinem Ego anderweitig kämpfen. Dann suche ich nicht asketisch selbst nach aufreibenden Hindernissen, sondern begrüße immer gelassener die großen oder kleinen, oft zermürbenden Widerwärtigkeiten des Lebens, um mein Ego niederzuhalten und es hoffentlich zu schwächen. Dann sind es meine natürlichen Lebensumstände, die diese wichtige Aufgabe ungezwungen übernehmen. Dieser Weg mag heute für viele der geeignetere sein und sicher ist er besser als jener der Übereifrigen, die manchmal auf morbiden Wegen suchen, ihr Ego loszuwerden.

Beispiele: So meistern Sie gelassen eine Demütigung, die aus heiterem Himmel auf Sie niedergeht, ohne diese je zu verstehen. Dann ertragen Sie einen bösen Betrug, gegen den Sie machtlos sind. Dann fügen Sie sich in das wiederholte Scheitern geliebter Pläne und hadern nicht mit Gott und Schicksal, wenn eine Krankheit Sie lähmt, sondern üben stille Akzeptanz. Sie sagen nicht nein, sondern ja, die Akzeptanz ist die Haltung der spirituell Fortgeschrittenen. Diese wissen, dass im Unglück eine verschlüsselte Botschaft liegt und sie suchen nach dem verborgenen Licht. Und auch dann, wenn sie nichts erkennen und verstehen können, fügen Sie sich ohne Bitterkeit. Das macht alles leicht! **MYSTIK DES ALLTAGS…**

Mystisches Leben stellt keine Bedingungen an äußere Umstände irgendwelcher Art, mystisches Leben braucht auch keine schmerzvoll knienden Nächte in Tempeln, Kirchen und Moscheen, der Ort mag ein Krankenhaus sein oder eine berufliche Versetzung, gegen die Sie aufschreien – zunächst. Oder die Art des Geschehens ist eine tiefe menschliche Enttäuschung. Entscheidend ist der Einschnitt ins reibungslos Gewohnte und das radikale Auswaschen belastender Dinge, die Sie verstopfen und verkrusten gegen den Geist. Ich könnte Ihnen von unseren sehr einfachen Laienchristen in Ägypten, kaum gebildet, mitunter Analphabeten, erzählen, die diese Mystik des Alltags wirklich leben. Andererseits kenne ich Universitätslehrer, Priester und sogar Bischöfe, bei denen ich spüre, dass sie diesen Weg nicht einmal beginnen wollen. Kleine Kinder sind mystische Wesen, aber nicht einmal die eigenen Eltern verstehen es, wenn ihre Kinder sich entsprechend äußern. Eines

Tages aber, wenn die Mystik der Zukunft gehört, dann werden Eltern und Kinder gemeinsam diese realen Erlebnisse miteinander gern besprechen.

Betonen möchte ich hier gleich, dass damit keine außergewöhnlichen Phänomene einhergehen, wie sie uns die Religions- und Kunstgeschichte so drastisch schildern, Visionen, Ekstasen, Levitationen, Stigmata, Bilokation, und vieles mehr. Das mögen in seltenen Fällen Begleiterscheinungen sein, aber ohne primäre Bedeutung. Insgesamt warne ich davor, sich derartiges zu wünschen, da es mehr verwirrt als gut ist. Die Kleine Therese von Lisieux, eine der größten, tiefsten und wunderbarsten Mystikerinnen, die wir haben, war weder stigmatisiert, noch schwebte sie während der Hl. Messe über dem Boden, noch empfing sie laufend Privatoffenbarungen. Nein. Liebe Freunde, wahrhaftige Mystik ist nicht das. Wenn der Egotod geschafft ist, hat Mystik nur noch mit Liebe zu tun.

Mystische Erlebnisse sind vor allem Liebeserlebnisse. Die Liebe wird in ihrer ganzen Kraft und Fülle ganzheitlich erfahren. Wieso geschieht das? Wenn ich mich während dieses Wandlungsprozesses langsam entäußere und mein Ego überwinde, dann übe ich mit anderen Worten eine Selbsthingabe, die mich auf eine andere Existenzebene stellt. Der Mensch fühlt sich „im Paradies", wo sich sein kleiner Menschengeist mit dem Gottesgeist vereint. EINSWERDUNG ist LIEBESHINGABE – das Schlüsselwort der Mystik. Und es betrifft das Ziel und Ende aller Traumvorstellungen, die innerhalb der Schöpfung je gehegt werden. Ein solcher Liebesvollzug muss sich notgedrungen in der religiösen Literatur der Mystiker kraftvoll niedergeschlagen. Das ist gut, weil es anderen auf ihren Wegen hilft. Das mystische Geschehen reicht so tief, dass der Mensch gelegentlich sein Ich mit der Gottesperson verwechselt, weil eben beide schon eins wurden. Das erklärt mir auch die Prophetensprache, wenn sie sich oft in der ersten Person äußern: **„ICH“**, im Grunde aber ein Gotteswort wiedergeben will.

So sprechen nur erfahrene Mystiker und ganz wahrhaftige. Ich sehe auch den Apostel Paulus, wie er an die Galater schreibt (2, 20): **„Nicht ich lebe, sondern Christus lebt in mir“** und ich ergänze ihn gern: **„... nicht ich schreibe diese Briefe, sondern Christus tut das.“** Immer geht dieser Bewusstwerdung die Erfahrung voraus, dass sich des Menschliche und das Göttliche im Innersten vereinigt haben. Und wer versucht, es in Worten zu beschreiben, scheitert erbärmlich, er stammelt nur Unverständliches und für andere Unbrauchbares. Als einziges Vokabular bleibt ihm die Nachempfindung aus der menschlichen Liebeseuphorie. Das ist vollkommen richtig, denn auch die menschliche Liebe ist eine Realität, die den Menschen von innen her überfällt und, wenn sie gelingt, eint. Auch hier die Erfahrung der Einswerdung mit sich selbst und mit dem Gegenüber. Im geistig-mystischen Liebeserlebnis ist der Partner der lebendige und immer im höchsten Grad persönliche Gott.

Wir sind alle sinnliche Wesen, ganzheitlich sinnlich. Kein Wunder, dass sich die innerlich frei gewordenen Mystiker auch in ungeniert sexueller Wortwahl auszudrücken pflegen, so tief reicht ihr Erleben! Wer könnte auch behaupten, die Sexualität wäre eine biologisch-physiologische Funktion, bestenfalls etwas Psychologisches? Nein, sie erfasst die Person bis in ihre Tiefengründe. Körper, Herz und Geist sollten beim Liebesakt im Ganzen schwingen, die Sexualität soll durch das Medium des Leibes ins Geistige dringen. Nur so kann das gesamte Wesen befriedigt werden – und der Lohn ist Nachhaltigkeit.

Wir sprachen anfangs von den äußeren und den inneren Sinnen. Auch die menschliche Sexualität verfügt über beide. Sie kann ausschließlich durch äußere Sinne als ein „Außenerlebnis" vollzogen und selbst in einer Gefühlswelt stärkster Erotik genossen werden. Dann hält man aber die Lust für einen in sich abgeschlossenen Bereich reiner Sinnesbefriedigung. Das ist unzureichend! Das liegt schief! Das frustriert und wird keine Nachhaltigkeit haben! In Wahrheit überschreitet die Sexualität in ihrer Dynamik die beiden beteiligten Personen ungeahnt. Leider ungeahnt…

Inzwischen kennt man sich auch in Europa in den hinduistischen Lehren aus und hört und liest viel über die Kraft der KUNDALINI, jener Lebensenergie, die von der Sexualzone ihren Ausgang nimmt, um über sieben Kraftzentren des Körpers (Chakras) aufzusteigen und schließlich, wenn es durch asketische Enthaltsamkeit gelingt, im letzten Chakra (in der Stirnmitte) die höchste Bewusstseinsstufe zu erreichen – die Erleuchtung! Die Inder wissen seit Urzeiten, dass sich die sexuellen Kräfte im Oberflächenraum sehr schnell erschöpfen und wollen sie durch eine Art Umleitung erhalten und in den Dienst der höchsten Erfahrung stellen. Sie bedauern, dass die meisten Menschen während ihres ganzen Lebens niemals erfahren, dass es eine menschliche Sexualität auf höchstem Niveau gibt, im starken Raum des Geistes.

Insofern haben christliche Mystiker nicht weniger zu sagen als hinduistische, weil auch sie die Keuschheit im Alltag lehren können, welche die Lebensqualität der Menschen anhebt und nicht mindert. **Mystik ist immer Einüben ins Vollkommene.** Keuschheit im Alltag unserer Kultur bedeutet nicht das Zurückdrängen oder Verwerfen alles Sinnlichen, im Gegenteil! Die Keuschheit, die ich meine, humanisiert die Sexualität. Denn sexuelle Begegnungen sind, zumeist unbewusst, von ganz normalem Besitzstreben getränkt, zumindest ist das Ego recht aktiv. Hören die Beteiligten denn nicht den stillen Warnruf des Gewissens zur Selbstzurücknahme zugunsten des Geliebten, der Geliebten? Auch hier ist dem Menschen ein Bewährungsfeld geschenkt, auf dem er reifen soll, um voll erwachsen zu werden. Dann wird man nicht mehr unsinnige „Komplimente" machen wie **„ich lebe von Dir!"** Man darf sich nicht am anderen bedienen, sondern beide sollen zu sich selber finden, wobei man sich gegenseitig hilft. Liebe ist Hingabe und Selbstverzicht. In dieser Haltung beider stimmt es! So können sie auf höherer Ebene die krönende Vereinigung erleben, die sie gemeinsam weit über sich hinaustragen wird – ins Geistige. Und sie werden es erkennen: das ist das Ideal der Liebe, der brennende Stern für jedes Paar.

Ein Mystiker übt in seiner Spontaneität immer die Hingabe und überlässt sich selbstvergessend dem Anderen – Gott oder Mensch. Sich hingeben heißt, sich weggeben. Die Mitte eines religiös geprägten Lebens ist Hingabe und ich sehe in allen ihren Formen darin einen geistigen Samen. Dieses Bild dehnt sich für mich bis ans Kreuz, bis zur Hingabe des Heilands an uns Menschen, damit wir heil werden. Dieser Same der Hingabe keimt und fruchtet ohne Ende im Zentrum eines mystischen Lebens und es lösen sich darin alle Spannungen wie jene zwischen Fleisch und Geist, die selbst Paulus zu schaffen machten, ohne dass wir Näheres darüber wissen. Oder im geistlichen Arbeitsalltag die Spannung zwischen dem Willen Gottes und dem eigenen Willen. Letztlich geht es um das Ideal der Liebe, die Einswerdung durch vollendete Empathie bei gleichbleibender Freiheit der Partner. Mystische Seelen sind freie Seelen.

Mystiker leben dieses Ideal tatsächlich in solcher Intensität, dass sie durch ihre Texte die Leser selbst zum Klingen bringen, und das seit Jahrtausenden. Man sollte sich als Christ einmal die kunstvolle Poesie der in Liebe glühenden Sufis vornehmen, islamische Mystiker (wenn auch offiziell nicht anerkannt!) bieten eine außerordentliche Tiefenschau in erschütternder Sprachkraft. Oder man lese die flammenden Worte einer Teresa von Avila. Auch sie war, wie viele Mystikerinnen und Mystiker, eine permanent Verliebte und damit in sich selbst und mit Gott Geeinte. Echte Mystik erbringt für andere den Beweis durch viel sichtbare Harmonie und Heiterkeit. Oder lesen Sie vom seligen Erleben der Mechthild von Magdeburg in ihren Gesprächen von Gott: **„Er ergießt sich in meine Seele und atmet sie in sich hinein“.** Der Vereinigungsmoment! Und zwischenzeitlich beschreibt sie das Warten: **„... die Qualen meiner Sehnsucht, das Jagen meines Herzens“.** Einzig die menschliche Liebessprache kommt den Formulierungen nahe, oder einem Engagement für eine hohe Sache, der sich ein Mensch in höchster Liebe widmet: **„er geht restlos in ihr auf, er hat sich ausradiert, er hat sich selber verschenkt“**, sodass er in einer gewissen Beseligung denkt: **„ich bin mir selbst abhanden gekommen“.**

Aber nochmals werden Sie mich bitten, „praktischer“ zu sprechen und mir sagen: *„Wir haben unsere Alltagshektik und ungezählte Pflichten, am Tag der fordernde Beruf, daheim die Geräuschkulisse unserer Familie. Wann, wie und wo sollen wir in einen Zustand mystischer Versenkung kommen, denn am Abend sind wir ausgebrannt“*. Deshalb möchte ich noch einen weiteren Weg angeben, der wohl besonders für Europa gangbar ist – es ist DIE MYSTIK DER TAT.

Streng genommen ist es der jüdisch-christliche Weg, denn der Gott der biblischen Offenbarung ist ein Gott der Einmischung, ein Vatergott, der ohne Unterlass am Menschenkinde bildet. Dieser Gott ist im mystischen Alltagsleben gut erfahrbar, er ist mitteilsam, er gibt lesbare Zeichen, denn er liebt uns. Wenn Sie nach einer spannenden geistlichen Lektüre suchen, dann können Sie in den Prophetenberichten miterleben, wie Gott ruft und lockt und wirbt und – wartet. Hintergrund jeder Prophetenarbeit ist die mystische Zwiesprache mit Gott, die dem Inspirierten die nächsten Schritte zeigt und ihn zur Tat beflügelt. Ich nenne einen großen „Mystiker der Tat“: Dag Hammarskjöld.

Der Mystiker ist sich voll bewusst, dass Gott durch ihn handelt. Derselbe Gott, den er zu einsamer Stunde im stillen Gebet trifft, kann auch in der Alltagspraxis an seiner Seite spürbar werden und er weiß es: der ewig gestaltende Schöpfergott ist jetzt anwesend. Er ist anwesend bei jeder intellektuellen und politische Arbeit wie in den Klassenzimmern aller Schulen. Überall wo Gutes gewollt und erkämpft wird, ist er dabei, er gibt grünes oder rotes Licht, er verhandelt mit dem menschlichen Gewissen, wenn der Mensch Gefahr läuft, dieses zu missbrauchen.

Auch wenn wir häufig goldene Ehrenzeichen und Orden aller Art unter uns verteilen, verdanken wir besondere Werke nicht uns selbst. Doch von diesen inneren Vorgängen nehmen bisher nur wenige Notiz, weil die Demut unter uns noch dünn gesät ist. Es sind die Demütigen, welche die Herkunft orten und wissen, wem sie sich verdanken. Sie erleben auch die Entdeckungen anderer als Offenbarungen, als Epiphanie, als Theophanie. Das ist nichts Neues in der geistigen Welt der Menschen, die Zukunft aber wird deshalb der Mystik gehören, weil diese Dinge dann zum allgemeinen Erkenntnisgut zählen. Der Mensch versteht, dass Gott ihn zum noch Besseren verführen will, und der Mystiker versteht sich als Mitschöpfer am Fortschritt unserer Welt…

Die Mystik lenkt die Menschen zum Geist hin, zum Ursprung und Urgrund, sodass er, paradox gesprochen, in aktiver Passivität Einfluss auf das Weltgeschehen nimmt. Ein Mystiker, in dem es hell geworden ist, kann mehr erkennen in dem vermehrten Licht. Und Gott liebt die Gemeinschaft mit den Mystikern, es besteht Synergie, Wille und Vorstellung fallen zusammen. **„Mein Vater wirkt bis zur Stunde und ich wirke auch“** (Joh. 5, 17). Der Gott der Offenbarung ist ein hyperaktiver Gott, der die Gemeinschaft mit dem Menschen sucht.

Solches Wissen und Erleben sind beste mystische Erfahrungen! Da muss man nicht auf steilen, theologischen Pfaden forschen. Meine schlichte innere Bereitschaft und meine uneingeschränkte Offenheit gegenüber dem Gottesgeist, der mir so viel zu sagen hat, führen mich ins Herz der Dinge. Und das bedeutet: in mein eigenes Zentrum, ins Zentrum meiner Mitmenschen, ins Zentrum der Gottheit. Ich sage es überall: Im Mystiker wird es hell, sehr hell, er sieht mehr, versteht mehr, alle Mystik überschreitet die Erscheinungswelt.

Welchen Weg man auch wählen wird oder welchen Weg einem die Vorsehung bestimmt, dort am tiefsten Grunde angekommen weitet sich alles zum Licht-Horizont geistiger Erkenntnis. Dabei beglückt und beseligt nicht nur der geschaffene Friede mit sich selbst, sondern mehr: der Mystiker erlebt sich vor einem DU: **„An der Grenze meines Selbst ist ER“** – so dokumentierte die französische Mystikerin Antoinette de Geuzer (gest. 1918) ihre Schwellenerfahrung – die Gewissheit der persönlichen Gottesnähe.

Mit all dem wollte ich meine Darstellung vom Fall in die Leere und in die Verlorenheit der nächtlichen Finsternis, den Sturz in den spirituellen Tod erläutern. Am Ende des Selbstverzichts wartet Gott, der Lebendige auf dem Menschen und die Krönung allen Strebens wird die Vereinigung sein. Hier wird der fundamentale Unterschied zwischen Hinduismus und Buddhismus auf der einen Seite und dem Christentum und dem Islam auf der anderen Seite deutlich. Das Endziel fernöstlichen Strebens ist das karmisch bedingt selbstverdiente Beenden der belastenden Wiedergeburtskette mit Tausenden, oft qualvollen Toden, die zu bestehen waren, und das Eingehen ins Nirwana, ins erlösende Verlöschen und Verwehen (so im Sanskrit bezeichnet). Dafür hat der Asiate in unzähligen Leben den Selbstverlust geübt, mit anderen Worten den Egotod, um endlich „entkettet" in die Freiheit entlassen zu werden. Dann wird sein Aufgehen im Kosmos seine Heilsvorstellung erfüllen. Eine personale Gottesidee wie in den drei abrahamitischen Religionen (Judentum, Christentum, Islam) gibt es dort nicht. Der Mensch verliert sich im All, mit dem er verschmilzt.

Was ist der Unterschied zwischen einer Verschmelzung und einer Vereinigung? Verschmelzen bedeutet einschmelzen und auflösen, das Personale verschwindet. Die Vereinigung im Endstadium hingegen bewahrt das Personale kostbar auf und verstärkt es in einem ekstatisch-seligen Erleben, das gegenwärtig jenseits unserer Vorstellung liegt, aber wir glauben der christlichen Verheißung. Die Vereinigung mit der Gotteswelt hält noch viel mehr für uns bereit, es ist die Überpersonalisierung des Einzelnen. Ich bin im Ziel mehr als ich jemals war und nicht etwa weniger. Und ich erlebe mich im Überbewusstsein am Herzen Gottes. Unvorstellbar heute, beides unvorstellbar!

Die asiatische Mystik und Jenseitsvorstellung will ohne dieses DU und dieses WIR auskommen, obwohl es poetische Texte von hinreißender Schönheit auch in dieser Mystik gibt. Ich habe mir solche hymnischen Schöpfungsgesänge einmal bekannt gemacht, vierzehn Tage lang in einem indischen Ashram. Unseren persönlichen Gottesbezug, dieses **„am Herzen Gottes sein"**, konnte ich im dortigen Jenseitsglauben nicht finden oder das was Jesus mit dem **aramäischen Zärtlichkeitsnamen „Abba"** für Gottvater meinte.

Doch Toleranz ist immer angesagt, Toleranz üben ist nicht Kopieren. Die asiatische Sicht sollten wir schon deshalb nicht richten, weil der Weg an sich nicht falsch ist. Wir gehen mit Hindus und Buddhisten streckenweise denselben Weg im Abbauwillen unseres Egos, wir gehen ihn nur mit verschiedenen Zielen, also parallele Wege. Uns Christen wie auch den Muslimen würde im Ziel das Wesentliche fehlen. Unsere OFFENBARUNGSRELIGIONEN haben, wie der Name sagt, den persönlichen Gott OFFENBART: der Mensch tritt als hell erwachtes und unversehrt empfindendes Einzelwesen auf die Gottesperson, die es persönlich, ganz persönlich und in Liebe erwartet.

Erst dort, endlich, durchdringt den Menschen die letztgültige Wahrheit allen Seins und er erlebt die Liebe in ihrer reinen und vollendeten Gestalt. In der jüdisch-christlichen Mystik wird das ganze ALL zum DU, es ist die PERSONALE MYSTIK und keine pantheistische. Auch der islamische Mystiker erlebt einen Bewusstseinsanstieg höchsten Ranges und die Glückseligkeit der endgültigen Nähe seines Allahs, auch wenn er dort die Christusgestalt angeblich anders erlebt. Der persönliche Aspekt der Begegnung ist jedoch der wesentliche. Bis dorthin ist er konsequent, andernfalls bleibt man in einer verschwommenen oder gar negativ behindernden Mystik hängen.

Wir Menschen stehen, so heißt es, in der EBENBILDLICHKEIT Gottes, wir dürfen den Status der GOTTESKINDSCHAFT genießen, all das sind keine leeren Worte und sie enthalten auch schon unsere ewige Zukunft bei Gott. Liebende in diesem irdischen Leben befinden sich im Vorhof des Paradieses. Wenn zwischen ihnen die unsterblichen Worte **„Ich liebe dich!"** gewechselt oder auch nur gedacht werden, dann stimmt Gott mit ein: **„Ich liebe euch!"** Ein Trinitätsbezug zwischen Himmel und Erde. Wir Menschen vibrieren in unseren Gedanken und Gefühlen und in uns kreist das Blut des Lebens – des GANZEN LEBENS, des heutigen und des zukünftigen. Diese Gesamtrealität „Mensch" hat der inkarnierte Christus-Logos angenommen gehabt und später seinen geliebten Johannes zu der unübertroffenen Aussage inspiriert: **„Das Wort ist Fleisch geworden".** Und er hat den Gottesgeist in die Welt gesandt – zur Aufklärung der Geschehnisse. Er soll uns bleiben und belehren – wie es uns verheißen wurde, bis auch dem letzten Suchenden der tiefe Sinn des Daseins aufgegangen ist.

Das alles sind im Grunde mystische Worte über mystische Erkenntnisse. Auch Johannes war Mystiker, ein vollkommener! Mystik ist keine Flucht aus dem Leben, sondern ihr Weg führt geraden Weges ins reale Leben. Mystik ist nicht abstrakt, sondern konkret. Und es geht mir um die CHRISTLICHE MYSTIK, die das spirituell bedürftige Europa heute wieder entdecken muss, eine MYSTIK DER INKARNATION, der Menschwerdung Gottes. Es geht um dieses historische Faktum und aus diesem Grund trägt die Mystik die Zukunft in sich. Das Gespür für die Wahrheit und Jenen, der sie für sich in Anspruch nimmt durch vier Worte: **„Ich bin die Wahrheit",** wird niemals schwinden.

Haben wir aber auch den Mut, einer menschlichen Wahrheit ins Auge zu sehen. Die Jugend Europas kann und will mit unseren erhabenen kirchlichen Riten nichts mehr anfangen und noch weniger mit den Dogmen in ihrer unzugänglichen Sprache – aber sie sucht! Die Jugend will sich mit Spirituellem nähren. Und was sie tatsächlich aktiv sucht, das ist das Mystische. Sie sucht es, weil es leise mit ihrem Innersten korrespondiert. Die Jugend fühlt die Wahrheit, bitte unterschätzen wir sie nicht! Die Jugend glaubt an das Jesuswort **„das Himmelreich ist inwendig in euch!"** Innen – und nicht irgendwo draußen.

Die Mystik gehört nicht der Vergangenheit an, sondern der Zukunft, und diese hat schon begonnen. Vorbereitend haben große geistige Europäer des 20. Jahrhunderts, wie C.G. Jung, Victor Frankl und Carl Rodgers diese Ahnungen gehabt und sich leidenschaftlich bemüht, darüber aufzuklären. Sie erlebten am Menschen, wie unzureichend die fachwissenschaftlichen, intellektuellen Versuche sind, das Wesentliche ganzheitlich zu erkennen. Heute wird in dieser Richtung weitergeforscht. Wir sind noch lange nicht am Ende aller Weisheit, aber ihre Arbeiten liegen schon im Einzugsbereich des Religiösen. Mein Wunsch wäre, dass Psychologen, Psychiater und Psychotherapeuten MYSTIKER ausfindig machten und sie zu Rate zögen, um mit ihnen gemeinsam ans Ziel einer Heilung zu kommen. Dabei wären auch Hinweise auf **das Zusammenspiel der äußeren und inneren Sinne** zu machen, lebenswichtige Hinweise! Hier denke ich an ganz neue Therapieversuche für den individuellen Fall, aber auch für die ganze geistige Problematik der gegenwärtigen Gesellschaft.

Die mystische Versenkung ist erlernbar für jeden, sofern er den Sinn und das Ziel verstanden hat. Mystik ist nicht nur für einige Begnadete passend, denn am Grund unseres Wesens unterscheiden wir uns kaum voneinander. Auch wird Mystik nicht nur draußen in der Naturstille erfahren, sie gehört vielmehr in den Alltag der Menschen. Mystik ist der Weg zum reifen Menschentum, zum Einzelnen, der bei sich ankommen will und der die Gottesperson kennt. Ebenso fühlt er, wie Gott im Innersten seiner Mitmenschen lebt und wirkt und keine abstrakte Idee ist oder nur ein Vielleicht. Er weiß es.

Und er erkennt die geniale Einfachheit des EINEN und GANZEN und sieht, wie viel Kompliziertheit vom Menschen gemacht ist. Der mystische Mensch betrachtet die Existenz von Gott her und schaut durch die ungeheure Vielfalt hindurch das EINE. Wahres Wissen über die Welt erlangen heißt ihrer Einfachheit begegnen und ihre tiefgründige Einheit erleben.

Wenn der europäische Christ das heute neu annehmen könnte, dann würde er überrascht sein, wie sehr sich sein eigener Lebensraum weitet, die geistige Welt kennt keine Grenze. Zurecht gelebte Mystik führt in ein Universum geistiger Freiheit in der Gegenwart eines persönlichen Wesens, das ihn, den Einzelnen, kennt und liebt.

UND ES WIRD HELL, SEHR HELL

Gott, meine Nähe!
Lass mich Dich immer ahnen und allezeit finden,
nicht in kosmischen Fernen,
sondern in meinem tiefsten Innern.
Du bist aller Menschen Freund
und heimlicher Gast, der wartet,
bis ihr inneres Glockenspiel beginnt
und sie mit Dir gehen wollen,
den mystischen Weg, der bis ans Ende führt,
wo sie Dich, den Wahrhaftigen, erkennen.

Gott, meine Liebe!

Wenn ich Dich finde, dann finde ich auch mich,
Du bist das Absolute, das Alles in allem, das Eine.
Sich hingeben an die mystische Nacht
und an den scheinbaren Tod,
heißt glauben, heißt vertrauen,
heißt sich bereitmachen für Deine Umarmung.
Dann werden alle Umarmungen
in der Erinnerung
zu dieser einzigen führen,
und ich will sie mit hineinnehmen,
in Dein göttliches Licht,
dass es sie durchdringe wie es mich durchdrungen hat.

Gott, mein Licht!

Es wurde hell in mir, sehr hell
und alles wurde verstehbar, einfach und leicht,
denn alles ist eins, denn alle sind eins!
Jetzt schaue ich die Dinge und erlebe die Wesen
wie Du sie schaust und erlebst in der Einheit des Seins.

Gott, mein Freund!

Erhalte mir die Erleuchtung des Herzens
und die Inspiration des Geistes,
immer das zu wollen, was Du willst und wie Du es willst.
Schenke mir die stetig wachsende Liebesfähigkeit,
welche Deiner Erwartung näher kommt,
und eine Liebe, die Deiner Liebe ähnlich wird.
Amen

KAPITEL FÜNF

GOTT ALS KREISMITTELPUNKT

„Nichts ist drinnen, nichts ist draußen,
denn was innen ist, ist außen"
(Goethe)

Meine lieben Freunde! Vermutlich werden mehrere unter Ihnen das Heilige Land besucht haben und die Orte kennen, an denen der Gottessohn von Zeitzeugen **„gesehen, gehört und berührt"** worden war, wie Johannes sich so plastisch äußerte. Im Jahr 1944 war ich gerade dreizehn Jahre alt, als ich diese starken Erlebnisse mit meinen Eltern haben durfte. Alle Steine und die ganze Flora sprechen dort von diesem Jesus von Nazareth, der weder eine Halluzination, noch eine Legende unter vielen, noch ein ET vom nächstliegenden Stern gewesen war, sondern der gottgesandte Logos der Welt in Menschengestalt.

Auch zum Brunnen von Sychar sind wir gepilgert, an dem er die Samariterin um Wasser gebeten hatte. Wie viele Kilometer mag er, aus Judäa kommend, unter der sengenden Sonne in seinen Sandalen zurückgelegt haben? Jetzt war er durstig. Er wartete an diesem Brunnen, weil er kein Schöpfgefäß besaß, jedoch wusste, dass bald eine Frau kommen würde, **„es war um die sechste Stunde".** Und es kam diese Frau, **„die schon fünf Männer hatte"** – eine konkrete, historische Person also. Sie gab ihm zu trinken. Und weil er sah, dass sie ihn schon nach wenigen Worten für einen Propheten hielt, entschloss er sich, ihr mehr und ganz Wesentliches über die Zukunft des Glaubens zu sagen.

„Ihr betet an, was ihr nicht kennt. Die Stunde kommt, zu der die wahren Beter den Vater anbeten werden im Geist und in der Wahrheit. Gott ist Geist, und alle, die ihn anbeten, müssen ihn im Geist und in der Wahrheit anbeten." Darauf ließ sie ihn wissen, dass auch sie den Messias erwarte und Jesus ehrte diese fremde Frau mit seiner berühmt gewordenen SELBSTOFFENBARUNG: **„Ich bin es, ich, der mit dir spricht"** (Johannes 4). Ich bin damals auf diesen Brunnenrand geklettert und höre noch das angeregte Gespräch meiner Eltern, von dem ich nicht sehr viel verstand.

Der Jesusgestalt der Geschichte einen Christus des Glaubens gleichsam als einen anderen gegenüberzustellen, zeigt bis heute, wie weit man noch vom wahren Verstehen entfernt ist. Man begreift ein Ereignis erst im Fluss der Zeit, erst in der Distanz offenbart sich das Wesentliche. Und in diesem Sinn kommt das am spätesten geschriebene Johannesevangelium der Persönlichkeit dieses Jesus am nächsten. Man spürt seine unverbrüchliche Treue gegenüber der Wirklichkeitstiefe des Erlebten. Wahre Geschichtsschreibung besteht nicht im Darlegen von Fakten, die man zueinander in Beziehung setzt, wie das Polizeiberichte oder TV-Reports zu tun pflegen. Sie ist vielmehr das Bemühen, ein bestimmtes Ereignis jenseits der Objektivität zu erreichen, denn reine Objektivität kann es bei dieser Tätigkeit nicht geben. In dem Maß, in dem der Zeuge selbst betroffen und engagiert war, in dem Maß kann er das Ganze von innen her ausleuchten. Auch wenn es paradox klingt, würde ich zu jedem Protokoll sagen: je subjektiver, umso objektiver. Die Gegenüberstellung des Christus des Glaubens mit dem Jesus der Geschichte ist demnach nutzlos und falsch. Denn es handelt sich um eine und dieselbe Person, verstanden und dargelegt durch Zeugen, die alles Geschehen in ihrem Innersten miterlebt hatten.

Und immer wird noch einmal quer gefragt: Ob nicht die Kirche über die Jahre, die bis zur Abfassung der Evangelien verstrichen waren, den historischen Jesus unterwegs verloren hat, weil seine Konturen naturgegeben immer mehr verschwammen? Im Gegenteil, antworte ich, je länger ein Ereignis zurückliegt, umso schärfer sehen unsere Augen. Was haben Sie, liebe Freunde, von Ihrer Kindheit „verstanden", als Sie zwanzigjährig auf sie zurückschauten? Kaum etwas. Sie waren noch viel zu nahe dran. Erst über die Jahrzehnte erhält ein Lebensrückblick Klarheit und auch längst vergessene Gefühle steigen auf. Nein, die dahinfließende Zeit zerrinnt nicht und verliert nicht das Erlebte, sondern sie bewahrt es auf, das Süße wie das Bittere.

Ältere Menschen, wenn sie sich bei mir aussprechen, analysieren ihr damaliges Verhalten im Horizont der Reaktionen ihrer Mitwelt sehr genau, nur selten plagt sie der Zweifel über die Richtigkeit. Sie lassen mich ihre Wahrheit kritisch wissen, ihre eigene, persönliche Wahrheit, die sie erst jetzt voll begreifen. Der Faktor Zeit half ihnen beim Ordnen und Erkennen. Das kann ergreifend sein, für sie wie für mich.

All das ist auch für das Jesusverständnis zutreffend. Erst in dem Maß, in dem für die Urkirche Jahre der Suche und des Ringens verstrichen und eine beträchtliche Distanz entstanden war, konnte sie langsam die verborgenen Schätze erkennen. Kein Gegensatz mehr zwischen dem Jesus der Geschichte und dem Christus des Glaubens, beide wurden klar als eins erkannt. Der geschichtliche Jesus ist der Christus, an den wir glauben, weil er sich selbst gezeigt und zu uns gesprochen hat und zwar in UNVERGLEICHLICHEN SELBSTAUSSAGEN über sein Wesen und seine Mission. Zum Beispiel im Gespräch mit der Samariterin am Jakobsbrunnen – **„ich bin es, ich, der mit dir spricht"**. Und der Christus des Glaubens ist der Menschensohn, unser Mitmensch, der uns zugleich sein ewiges Mysterium durch die Auferstehung endgültig belegte.

Die städtische Jugend Europas möchte heute nichts mehr mit diesen biblischen Szenen zu tun haben, vor allem wenn man noch immer von Hirten predigt, die ihre Schafe leiten. Eher überbieten sich im Blätterwald die frechen Cartoons, in denen die Hirten vor ihren Schafen fliehen. Die Hörsäle der Universitäten quellen über vor intellektueller Bildungsarbeit, die so weit gefächert ist, wie nie zuvor, sodass ein Doktorat keine Verbeugung mehr wert ist. Arbeitslose Akademiker in Fülle. Auch das einfache Volk hat sich wissensmäßig vortrefflich gemausert. Nicht verwunderlich, dass die nun Mitdenkenden kein Ja und Amen mehr gegenüber der Lehrmeisterin Kirche zu sprechen bereit sind wie alle Jahrhunderte zuvor. Oder nur auf äußerst nachdenkliche Weise. Die moderne Welt hat es auch mit der Emanzipation der Christen geschafft, sie erheben deutlich ihre Stimme und melden neue Ideen an. Und wie geht die Kirche mit ihnen um?…

Und was ist mit der Authentizität der Bibel? Denn auch aus dieser Richtung wehte ein neuer, unbekannter Wind: die moderne Bibelauslegung auf neuer Forschungsbasis, die international vernetzte historisch kritische Exegese. Dabei wurden Mengen von neuen Fragen aufgewirbelt, wobei sich eine Anzahl fester Glaubenssteine gefährlich lockerten. Gerade diese nahmen die Wissenschaftler sehr genau unter die Lupe und der weltweite Austausch wurde spannend und befreiend für die meisten. Im traditionellen Volksglauben hingegen, der vom Boden her die christliche Kultur Europas mitgeprägt hat, schienen in ganz anderer Wahrnehmung dieselben Steine unverrückbar fest. Demnach musste für viele gute Christen das Gesamtgefüge ihres Glaubens erschüttert werden. Wenn gar die gewohnte Bibelauslegung in Frage gestellt wird, dann, so folgerten sie, sei wohl aller Glaube nutzlos, weil nun der Halt entzogen sei. Sie schütteten das Kind mit dem Bade aus und verließen die Kirche.

Es scheint mir, die Medien schauen selbst dem Wissenschaftsgremium der Päpstlichen Bibelkommission in einer Art Erwartungsneurose auf die Finger und werden sofort aktiv, wenn es etwas heiß wird. Dann genießen sie ihre eigenen knalligen Schlagzeilen über jeden kleinen Theologenstreit. Desgleichen attraktiv finden sie gemaßregelte Priesterautoren wie den belgischen Jesuiten Jacques Dupuis oder wie einst Eugen Drewermann, der vor zwei bis drei Jahrzehnten in rasanter Geschwindigkeit produzierte. Wer damals Drewermanns intellektuellen und religionspsychologischen Analysen las, dessen treuer Kirchenglaube konnte schon aus den Fugen fliegen, nicht aber seine Jesus-Liebe! In diesem Kontext zitiere ich Joseph Ratzinger in seinem Buch von 2007 „Jesus von Nazareth". Zu Beginn seines Vorwortes schreibt er: **„Was aber kann der Glaube an Jesus den Christus, an Jesus, den Sohn des lebendigen Gottes bedeuten, wenn eben der Mensch Jesus so ganz anders war, als ihn die Evangelisten darstellen und als ihn die Kirche von den Evangelien her verkündet?"** Ich glaube nicht, dass Sie Joseph Ratzinger der Häresie verdächtigen. Er will hier auch nur zwischen dem Jesus der Geschichte und dem Jesus des Glaubens unterscheiden. Denn längst macht sich auch der Laienchrist über dasselbe seine Gedanken und möchte wissen: was lehrt uns heute die Kirche wer Jesus war?

Die glühende Kernfrage bleibt: WER IST JESUS CHRISTUS UND WELCHE BEDEUTUNG HAT ER FÜR MEIN PERSÖNLICHES LEBEN? Nachdem Jesus die spontan richtige Antwort auf seine Frage, wer er sei, von seinem Jünger Petrus bekommen hatte – **„Du bist der Messias, der Sohn des lebendigen**

Gottes!" –, pries er ihn selig, nannte ihn aber nicht mehr bei seinem Namen. Merkwürdig! Jetzt sprach er ihn mit Simon Barjona an: **„Selig bist du, Simon Barjona, denn nicht Fleisch und Blut haben dir das offenbart, sondern mein Vater im Himmel. Du bist Petrus, und auf diesem Felsen werde ich meine Kirche bauen und die Mächte der Unterwelt werden sie nicht überwältigen. Dann befahl er seinen Jüngern, niemandem zu sagen, dass er der Messias sei."** (Mt. 16)

Zuerst tauft er ihn um, dann nennt er ihn Fels. Was soll das? Weil Petrus durch seine Antwort, wie es bei Blitzerleuchtungen geschehen kann, ein anderer wurde. Das ist das Zeichen, das Jesus uns allen damit setzte. Petrus ist der Mensch des Glaubens, Simon ist der Mensch der Erfahrung und des vernünftigen Verstehens. An Christus glauben als den Gottessohn und Menschensohn, das ist nichts Selbstverständliches, weil nichts offenkundig ist, es fehlt jede Evidenz. Ein solcher umfassender Glaube ist der Sprung ins Unbekannte. Und wie sehr hat Jesus ihn in diesem Fall geehrt, wie sehr!

Unaufhörlich verlangen die Menschen nach Beweisen, als gälte es, eine Gleichung zu lösen. Doch nicht einmal die Evangelien liefern sie uns, im Gegenteil, wir bekommen irritierende Widersprüche von ihnen mitgeliefert. Und wie lange hat die Urkirche mit diesen gerungen! Bis die Streitgespräche endlich im Jahre 451 (Viertes Ökumenisches Konzil von Chalcedon) beigelegt werden konnten und man sich auf diesen Jesus von Nazareth – **„eines Wesens mit dem Vater"** – einigte: Die bis heute verbindliche Lehrformel stammt von diesem Konzil und spricht eindeutig von der Person Jesus Christus als **„wahrhaft Gott und wahrhaft Mensch, unvermischt in zwei Naturen".** Aber die Menschen sind bis heute damit überfordert, jeder Geistliche muss das zugeben, weil er es ständig erlebt.

Und gerade darin besteht unser Glaube. Ein Glaube, der sich durch sich selbst nicht rechtfertigt und trotzdem gewagt wird, wird später alles rechtfertigen. Das ist menschliche Erfahrung zu allen Zeiten.

Der historische Jesus ist Realität, sein Wesen als Gottmensch zunächst eine Hypothese. Lassen wir sie so stehen und warten wir ab. Dann stellen wir uns aber vor, Jesus sei nur ein Mensch wie du und ich gewesen, der hohe Anspruch seiner Sendung und alle Selbstaussagen nur ein Mythos, dann bliebe Gott der in alle Ewigkeit unendlich weit von uns entrückte Schöpfergott. Unerreichbar für alle menschlichen Belange. Wer, so frage ich mich dann, möchte diesen Gott ein Leben lang aufopfernd verkünden? Und wer ihn lieben?

Unsere Bibel lehrt uns das Gegenteil. Gott versteht und fühlt alles und er handelt (Altes Testament!). Und er handelt gar in eigener Person (Neues Testament!). Er durchschreitet die Trennschlucht der beiden Dimensionen, wird Mensch und nennt sich EMMANUEL – „Gott mit uns". Er flieht nicht vor den Schwertern im Garten von Gethsemane, sondern liefert sich aus, um auch das Ärgste mit uns zu teilen: Betrug, Verlassenheit, gewaltsamen Tod. Das ist das christliche Mysterium von innen gesehen.

Kürzlich sprach mich eine Wiener Hörerin nach dem Vortrag an und ließ mich unverhohlen wissen: **„Der Christus-Logos, das Wort Gottes – ja! Derselbe als Jesus von Nazareth – nein!"** Für Europa thront noch immer der Gott der Griechen im Olymp. Der stoische Logos, der die Verstandeswelt bedient, oder der philosophische Gott der europäischen Kulturgeschichte. Eine weise Steuerung hinter den Welterscheinungen wird selten angezweifelt, die Ordnung in der Natur spricht Bände. Das Phänomen des weisen Ineinandergreifens und Zusammenwirkens kann unschwer „Logos“ genannt werden. Und dass Johannes diese Urkraft und logische Schöpfungsstruktur Christus zuschreibt, geht auch ins Hirn. Aber die Notwendigkeit einer Menschwerdung dieses Logos? Dem widerspricht vor allem der Islam…

Ich habe reichlich Übung im Glaubensaustausch mit frommen Muslimen sowohl in Ägypten als auf meinen Europareisen. Regel eins: Zunächst nach Ähnlichkeiten und Gemeinsamkeiten suchen und dann ein gutes Schweigen verabreden. Ähnlichkeit besteht schon in der Begriffsanwendung des GOTTESWORTES. Der gläubige Muslim sagt mir, dass sein heiliger Koran das WORT GOTTES sei, persönlich an den Propheten Mohammed überbracht, und dass diese heilige Schrift aus Gott stammt, existent seit Anbeginn. Deshalb nennen wir den Koran im Französischen **„le Coran incréé“** – den ungeschaffenen, ewig seienden Koran. Desgleichen verwendet man bei religionswissenschaftlichen Arbeiten den Ausdruck **„le verbe incréé“**, das direkt aus Gott stammende Wort. Wer von uns Christen denkt hier nicht sogleich an unseren **„eingeborenen Sohn“**?

Dann sage ich ihnen: Ihr glaubt, dass das Wort Gottes in Form des Korans durch einen Gottesboten, den Engel Gabriel, auf den Propheten herabkam. Und wir Christen glauben, dass das Wort Gottes der Logos der Welt ist, der wie Eurer heiliges Buch aus Gott stammt und seit Anbeginn in ihm ist. Und dieses Wort Gottes wurde durch denselben Gottesboten, den Engel Gabriel, der Maria verkündet. Bis hierher läuft alles gut, die Vergleiche sind verständlich. Für Muslime zumindest…

Denn dasselbe den heutigen Europäern glaubhaft zu machen, ist sehr viel schwerer! Engel? Sprechende und handelnde Engel? Seit der Aufklärung haben sie diese Mentalität energisch abgestreift und pochen im Breitspektrum auf ihren eigenen kritisch-analytischen Verstand. Engelsverkündigungen sind eine zivilisatorische Herausforderung. Nun gut. Wer immer ein philosophisch-metaphysisches Gotteskonzept mit sich herumträgt und versucht, die Jesusperson in ihrer ganzen Fülle und Aussage dort einfach hineinzurechnen, wird scheitern. Der christliche Gott veranlasst uns zu einem anderen, viel tieferen Nachdenken als jede philosophische Auseinandersetzung.

Es sei an den kämpfenden Paulus in Athen erinnert, lesen Sie wieder einmal das sehr interessante Kapitel 17 in der Apostelgeschichte, liebe Freunde. In seiner öffentlichen Rede ging Paulus zunächst flott auf das zeitgenössische griechische Denken ein, passte sich an, sprach im Stil der philosophisch miteinander diskutierenden Athener über Gott und die Welt. Er betonte auch das mystische Element des Weltenschöpfers, den man nicht kannte, aber erahnte, sprach von dessen mystischer Anwesenheit im innersten Bereich der Welt: **„... in ihm leben, atmen und bewegen wir uns".** Niemand nahm Anstoß, bis Paulus bei Jesus Christus angelangt war, beim inkarnierten Logos, geboren, gekreuzigt und auferstanden. Nein danke! Die klugen Männer Athens lächelten spöttisch, verließen kopfschüttelnd die Agora und sagten: **„Wir werden dich ein anderes Mal hören."**

Er war zu weit gegangen. Das WORT GOTTES, der Logos, soll als dieser gewisse Jesus leibhaftig in Galiläa gewesen und dort gestorben sein? ... Heute ist es die gesamte islamische Welt, die hier empfindlich reagiert. Nein, über diese Schwelle tritt man nicht. Wie oft bin ich gewarnt worden: **„Pater Boulad, das ist Blasphemie!"** Der Islam anerkennt Jesu Größe und Einmaligkeit als wichtigsten Gesandten Gottes vor Mohammed, aber gekreuzigt wurde er nie! Dort hing ein anderer, der ihm ähnlich sah, ein Scheinleib, Jesus hat kein Martyrium erlitten. SCHLUSSFOLGERUNG: **Für einen Christen ist ein Gott, der nicht eines Tages ins Weltliche herabsteigt und mit den Menschen leidet, kein wahrer Gott. Für den Muslim ist ein Gott, der das tut, kein wahrer Gott.**

Aus diesem Dilemma hilft nur die Liebensvernunft und die Liebeserfahrung. Meine Brücke zum Islam ist deshalb die Mystik. Obgleich der Sufismus öffentlich nicht anerkannt, aber still geduldet ist, sollten unsere Dialoge beiderseits die mystische Tradition wieder aufleben lassen. Der geistliche Reichtum der islamischen Mystik kann nicht schnell genug wieder ans Licht gebracht werden, denn dort lebt eine echte Gottesliebe und Erkenntniskraft, die imstande sein sollte, Gräben zu überwinden, auch die tiefsten.

Aber im Gespräch mit dem Islam gibt es noch einen dritten und einen vierten gemeinsamen Grund außer den Engelsverkündigungen und der mystischen Erfahrungswelt Gottes: es ist zunächst unser beider Stammvater Abraham und das Projekt Gottes, das beide Heilige Schriften für uns ausgefaltet haben. Ich versuche, Muslimen nahe zu legen, dass, indem Gott mit Adam diesen Anfang setzte, er sogleich Eva und die gesamte nachfolgende Menschheit im Blick hatte. Alles Kommende war angelegt in unserem gemeinsamen Ahnen wie in einem Samenkorn. Menschheitsgeschichte ist Entfaltung und vor allem ein schrittweises geistiges Wachstum.

Die persönliche Mission jedes Einzelnen (hier liegt unser Lebenssinn versteckt, nach dem so viele tasten) besteht in der aktiven Teilnahme an diesem Projekt, indem er sich optimal einbringt und ganz verwirklicht. Seine unwiederholbare Existenz darf nicht verträumt und nicht verschwendet werden. Wir dürfen kein Feigenbaum sein, der keine Früchte trägt, um verflucht zu werden – so warnte Jesus in einer scharfen Rede. Hingegen fordert er: **„Ihr sollt vollkommen sein wie euer himmlischer Vater vollkommen ist"** (Mt. 5, 48).

In diesem hohen Anspruch verstehen wir uns mit dem Islam tadellos. Der Koran ist eine streng fordernde Schrift in eben diesem Sinn. Vollkommen sein heißt, alle gottgeschenkten Gaben und Begabungen und dazu alle Möglichkeiten, die uns das Umfeld bietet, voll auszuschöpfen, um einen persönlichen Beitrag zur Weltentwicklung zu leisten. Der Lohn heißt Sinnfindung. Die Tugend der Sinnsuche hat bisher noch keine Generation verloren.

Deshalb wage ich auch bei islamo-christlichen Begegnungen in Kairo zu sagen: **„Christus ist der Weg der Humanisierung unserer Welt. Wenn der Islam die Religion Gottes ist, dann ist das Christentum die Religion des allezeit strebenden Menschen".** Ein Muslim verstand nicht recht und ich holte noch einmal aus, indem ich mich ebenso direkt und mit Augenkontakt an die dort anwesenden Christen wendete: Es mag wohl unerhört klingen, liebe Freunde, aber ich wage zu behaupten, dass Gott unsere „vorgeschriebene" Niederwerfung keineswegs benötigt. Warum nicht? Weil er uns liebt. Wer liebt, ist nicht selbstbezogen, im Gegenteil, er kreist um den, den er liebt. Was Gott wirklich interessiert und was er braucht, das ist der aufrecht stehende Mensch, der zu sich kam, das Geschöpf ist herangereift, sein Bewusstsein ist im Erkennen zur Fülle erwacht. Und nun werben beide umeinander, der liebende Mensch und der liebende Gott.

Im Arabischen gibt es ein schönes Wort dafür – **„insân" – die Fülle**, und ich sah in die großen Augen der Muslime. Dann sah ich die Christen an und erinnerte an das Irenäus-Wort **„Die**

Ehre Gottes ist der lebendige Mensch". Christus kam zu allen, um das zu offenbaren. Das Programm „Mensch" tritt aber evolutionsgemäß nur sehr langsam zutage, es entwickelt sich vom nur Erkennen bis zum sicheren Benennen – und Handeln.

Gott kann eigentlich nicht erpicht auf unser Niederwerfen, Ikonenküssen oder die vielen Kniebeugen sein, ich zweifle sehr daran. Er hat Größeres mit uns vor, das über alle heiligen Gesten in Tempeln, Moscheen und Kirchen hinausreicht. Hören wir nicht immer noch die Stimme des Paulus in Athen: **„Der Herr des Himmels und der Erde wohnt nicht in Tempeln, die von Menschenhänden gemacht sind, auch lässt er sich nicht von Menschenhänden bedienen, als ob er irgendetwas brauchte. Er selber spendet allem Leben, Odem und gar alles."** (Apg. 17)?

Und wenn ich Muslime und Christen gemeinsam vor mir habe, dann lockt als vierte gemeinsame Basis das unsterbliche Thema MENSCHENLIEBE im Horizont unserer Ganzwerdung. Menschliche Liebe in unserem jetzigen Zustand IST problematisch, nicht einmal die große Freundschaft ist vor inneren Sprüngen gesichert und ihre Träume von Vollkommenheit wollen nicht ans Ziel gelangen. Auch die Ehe ist bisher nur ein Weg dorthin, der streckenweise gelingt. Ehepartner können über Jahrzehnte „ein Fleisch" sein, wie die Bibel es nennt, und doch bleiben sie getrennte Wesen. Der Kuss und der sexuelle Akt sind Versuchswege zur Einswerdung und ihre Schönheit besteht im lebendigen Hinweis auf das noch weit Größere, das erahnt wird, das Kommende, das Erlösende und endgültig Beseligende. Die Dichtkunst lebt davon und die Gebrauchssprache aller Liebenden kennt es.

Und wieder sehe ich in die Augen der Muslime und benutze das arabische Wort der Sufis **„al-insân al-Kâmil"**, das den vollkommenen Menschen der Zukunft in seiner Fülle beschreibt. Am Ende steht auch für die islamischen Mystiker die Ganzwerdung der Menschheit, eine Einswerdung im Status der Vollendung. Dort, das spüren auch sie genau, soll der Mensch einmal ankommen. Und je mehr jeder Einzelne seiner persönlichen Berufung und seinem Lebensauftrag folgt, umso näher rücken wir zusammen und erreichen das Ziel.

Wir sind nicht allein. Den strukturellen Platz im Kosmos hält Christus inne. Er ist der Integrationspol, das alles vereinende Zentrum. Die Geschichte weist auf diesen Jesus von Nazareth, der deutlich sein Vorhaben artikuliert hat, die verstreuten Kinder Gottes zusammenzuführen und heimzuholen zu Gott, dem Vater aller. Hätte er diesen zentralen Platz nicht eingenommen und damit eine neue Geschichtslogik bestimmt, dann wäre er nur ein Irgendwer. Weil wir ihn aber im strukturellen Werden der Weltgeschichte anwesend glauben, deshalb spüren wir auch, dass alles in sich zusammenfiele ohne ihn. Deshalb gaben die Menschen ihm Namen wie **„Eckstein“** oder **„Schlussstein“**.

Oft spüre ich, dass nicht nur wir, sondern auch der Islam auf der „neuen Suche“ ist. Besonders in Europa sieht er keineswegs klar und befindet sich zwischen Fundamentalismus, Mystik und Moderne. Im Hinblick auf ihn gebe ich auch zweifelnden Christen eine Hilfestellung, die sich in vielen Gesprächen bewährt hat. Und hier kommt die Mystik ins Spiel, die allen gemeinsam ist:

Stellen Sie sich einen Kreis mit einem Zentrum vor, einem Mittelpunkt. Der Kreis ist unendlich, denn er signalisiert das unendliche Universum – oder, wenn Sie wollen, Gott, der alles umgreift. Das Ausmaß dieses Kreisumfanges ist uns nicht vorstellbar und insofern leuchtet der Ruf von allen Minaretten der Welt ein: **„Allah ist der je Größere" (Allah Akhbar).** Wenn Gott nun aber als der Mittelpunkt dieses unendlichen Kreises gedacht würde, wohin führte uns die Gottesspur dann? Wenn er dieser Punkt ohne zu bestimmende Größe wäre, denn in der Mathematik wird ein Punkt als ein Nichts definiert, er hat weder Oberfläche noch Konsistenz. Ein reichlich abstraktes Gotteskonzept, werden Sie mir sagen und versucht sein, wegzuhören. Doch bleiben Sie dran und nehmen Sie mit mir diesen wissenschaftlichen Vergleich ernst. Er signalisiert nämlich die KENOSIS – die Selbstaufgabe Gottes.

Weil Gott seinem Wesen nach nur ein Liebesgott sein kann, muss er aus seiner Mitte heraus alles sein und alles wirken. Ja, er muss, was ihn betrifft, dieses geheime Nichts sein, um alles Sein durch sich selber auszufüllen. „Geheimes" Nichts, „Geheime" Offenbarung durch Christus, aus Gottes Mitte **„gezeugt, nicht geschaffen"**, Christus – **„der eingeborene Sohn"**. Das sind jene letzten Dinge, die von Menschen wie Meister Eckhart, Blaise Pascal oder Ignatius von Loyola geschaut und bis ins Herz hinein verstanden wurden. Gott hat sich uns als dieses Nichts offenbart im Sinne von Sich-Verlieren an die Welt – aus Liebe zu uns.

Jemand, der das voll verstanden hat, schuf ein Wegkreuz im österreichischen Wald, ich sah ein Bild davon: Im Zentrum des Kreuzes ist nicht der plastische Jesusleib zu finden – sondern das Nichts! Zu betrachten ist die Jesus-Silhouette herausgefräst aus dem festen roten Material (Stein? Holz? Metall?) des Kreuzes. Jesus als Umriss, als Leere zum Durchgreifen, was ein Fichtenzweig auch gerade tut! Der Wanderer steht dem abwesenden Heiland gegenüber, der sich insgeheim und verstärkt als anwesend offenbart. Ein mystisches Waldkreuz …

Unsere Mystiker haben in dieser Erkenntnis eine ganze Kreuzeslyrik ersonnen. Johannes vom Kreuz wird gar der Heilige des Nichts genannt, er schrieb in seinen Liebesekstasen Worte wie kein anderer. Es ist diese restlose Verausgabung, wenn man wirklich liebt. Gott will, in sich selber aufgelöst, überall sein, bei und mit allen seinen Geschöpfen. Erfreulicherweise taucht heute das Wort „Kenosis" vermehrt in der theologischen Sprache auf, entlehnt vom Apostel Paulus im ersten Kapitel seines Philipperbriefes. Gott hat sich selbst verneint und vernichtet, er hat sich „anéanti", heißt es im Französischen, dieses Wort enthält in seiner Mitte das Nichts: „le néant". Gott als Punkt, das mathematische Nichts, aber weil er die Mitte ist, bleibt er das ewige Sein. Dazu Goethe: **„Das Ew'ge regt sich fort in allem: Denn alles muss im Nichts zerfallen, wenn es im Sein beharren will".** Oder Mechthild von Magdeburg: **Du sollst minnen das Nicht, Du sollst fliehen das Licht."**

Indem der Mensch seine Selbstbezogenheit gegenüber Besitz und Sinnlichkeit überschreitet, erlebt er zunächst eine irritierende Leere, die sich aber bald zur Fülle wandelt durch eine segenvoll verstärkte Wahrnehmungskraft. Jesus lebte und lehrte nichts anderes: WER SEIN LEBEN RETTEN WILL, VERLIERT ES UND WER ES VERLIERT, GEWINNT ES. Und, werden Sie fragen, wie steht es mit dem endgültigen, dem physischen Tod? Er ist einem vertraut, man kennt ihn, man hat lange Zeit mit ihm verkehrt. **„Bruder Tod"** nannte ihn der Mystiker Franziskus. Mystiker begeben sich in großer Gelassenheit, einige gar in Heiterkeit in ihren letzten Tod. Denn sie wissen, was sich ihnen auftun wird, sie kennen dieses Licht, das ihnen nun endlich bleiben wird.

Liebe Freunde, Gott verbirgt sich auch hier mit uns in diesem Vortragssaal, das ist offenes Geheimnis der Mystik aller

Zeiten. Deus obsconditos. Vom Zentrum her, aus der Kreismitte, strahlt und wirkt er bis in alle Winkel unserer Räume und menschlichen Herzen. Es geht um die innere Offenbarung eines Gottes, der DA ist, immer da, ganz ohne Glanz und Machtanspruch. **„Liebe ist, wenn du dich ganz in mich hinein verloren hast"** – das sind schlichte Worte reiner Schönheit aus der islamischen Mystik vom großen Perser Rumi (3000 Gedichte!) aus dem 13. Jahrhundert. Finden wir hier nicht die gleiche Gotteserfahrung wie in der christlichen Mystik, insbesondere bei Meister Eckhart? Dass diese höchsten mystischen Erlebnisse in den Verwaltungsbehörden beider Weltreligionen damals wie heute keinen Anklang finden, das steht freilich auf einem anderen Blatt.

Das Mysterium Jesus Christus erlaubt sich, beides zu sein, Präsenz und Abwesenheit, Nähe und Distanz. **„Wenn wir früher Christus dem Fleische nach gekannt haben, so erkennen wir ihn jetzt nicht mehr so. Wenn aber jemand in Christus ist, dann ist er eine neue Schöpfung. Das Alte ist vergangen, Neues ist geboren"**, erklärt Paulus im zweiten Korintherbrief. Nähe und Distanz. Christus hatte sich berühren lassen von seinen Jüngern, von Frauen, Fremden und Kranken – bis zur Auferstehung. Dem Thomas hatte er die Berührung dann noch einmal erlauben wollen, bis in seine Kreuzeswunden hinein, damit er gläubig werde. Aber sein Körper war ein anderer und die Dimension, aus der er sprach, eine uns fremde. Dennoch sucht er uns hier und findet uns, sanft berührt er uns bis zum Ende aller Zeiten. Jeden! Vom tiefsten Zentrum her ist er unser Bruder geworden. Der historische und zugleich transhistorische Christus konnte nun von der Mittelachse der Geschichte Besitz nehmen. Als wahrer Menschensohn.

Oft werde ich nach der Realpräsenz Christi beim Altargeschehen gefragt. Seien Sie unbesorgt, selbstverständlich glaube ich auch an seine Gegenwart, wenn Freunde irgendwo in Gedanken an ihn zusammen Mahl halten. Doch durch die priesterlich-persönlichen Gesten und Jesu Einsetzungsworte der Eucharistie gewinnt dieses Mahl eine andere Tiefe und eine neue Bedeutung. Die Transsubstantiation ist kein Zauberakt und kein Wunder, selbst unter dem Elektronenmikroskop wird kein Wissenschaftler eine veränderte Materie von Brot und Wein entdecken. Doch müssen wir die „Realpräsenz" neu verstehen lernen: Viele Gläubige verwechseln das Physische mit dem Realen und das ist nicht dasselbe, so wie auch mystische Erfahrungen real, aber nicht physisch sind. Wer beides zusammendenkt, verdinglicht die Eucharistie.

Gefragt ist hier ein ernster und klarer Glaube, eine Gewissheit, kein verschwommen-romantischer oder gar leichtfertiger Glaube so nebenbei. Ein Glaube an die tatsächliche Anwesenheit Christi! Durch ihn bekommen die eucharistischen Gaben, Brot und Wein, ihre personale Dimension, über die beliebige Dinge der Schöpfung naturgegeben nicht verfügen. Der personale Charakter des gesamten Altargeschehens ist das Wesentliche, er ist das ALPHA und das OMEGA – Christus selbst.

Wunderschön ist diesbezüglich der byzantinische Ritus, weitgehend unbekannt in Europa. Er ist mein Ritus, in dem ich in Ägypten getauft und im Libanon geweiht wurde und in dem ich im Orient auch gelegentlich die Messe zelebriere, denn ich bin griechisch-katholisch. Wenn ich den Teilnehmern der Messe die Kommunion reiche und einer nach dem anderen hervortritt, dann flüstert mir jeder seinen Vornamen, den ich beim Reichen der Hostie dann vernehmlich wiederhole. Was hat das zu bedeuten? Es zeigt den personalen Charakter der Kommunion, es bedeutet, dass Christus selbst in diesem Augenblick real gegenwärtig ist, einzig für diesen betreffenden Empfänger und beide sind nun ganz allein miteinander beschäftigt. Dieser sinnreiche byzantinische Ritus vor dem eucharistischen Mahl soll bezeugen: Gott ist für Dich da, sieh, das ist sein Zeichen. Nimm diese Hostie jetzt ganz für dich und bedenke: In Wahrheit nimmt er dich jetzt IN SICH auf! Und so geschieht es seit zweitausend Jahren...

In ihrer Betonung der Einwurzelung Jesu ins geschichtliche Leben der Menschheit sind die Evangelien von unschätzbarer Bedeutung. Matthäus beginnt mit einer ordentlichen Ahnentafel, zurück in ferne Zeiten verfolgt er viele Namen und hinter jedem steht eine historische Gestalt bis zum Stammvater der drei großen Weltreligionen: Abraham. Er war tatsächlich historisch, sogar der Name seines Vaters ist bekannt – Terach – und auch der Ort, aus dem er kam – Ur in Chaldäa. Auf ihn beziehen sich die drei abrahamitischen Religionen, das Judentum, das Christentum und der Islam. Und der Evangelist Lukas geht für diesen Jesus gar bis Adam zurück, um den gesamten entwicklungsgeschichtlichen Hintergrund der Menschwerdung des himmlische Logos einzubeziehen. Und Jesus selbst? Im Gespräch mit den Jüngern wählte er nicht selten die dritte Person, wenn er von sich sprach: **„der Menschensohn"**. Jesus Christus – der Sohn aller Menschen dieser Erde.

Der reale, geschichtliche Jesus! Wie viel ist in der Welt über ihn geschrieben und gestritten worden! Doch arbeiten die Evangelien mit vielerlei Angaben, die sich mit der geschichtlichen Wirklichkeit decken. Joseph Ratzinger bringt gleich im ersten Kapitel seines Buches „Jesus von Nazareth" den präzisen geschichtlichen Bezug, weil er ihn für sehr wichtig hält, er zitiert ausführlich Lukas 3, 1+2: **„Im fünfzehnten Jahre der Regierung des Kaisers Tiberius, als Pontius Pilatus Stadthalter Judäas war, Herodes Vierfürst von Galiläa, sein Bru-**

der Philippus Vierfürst von Ituräa und der Landschaft Trachonitis, Lysanias Vierfürst von Abilene; als Annas und Kaiphas Hohepriester waren, erging das Wort an Johannes, den Sohn des Zacharias in der Steppe." Oder ich denke an die genauen Angaben des Evangelisten Markus (7, 31) über die Örtlichkeit einer Heilung: **„In jener Zeit verließ Jesus das Gebiet von Tyrus und kam über Sidon an den See von Galiläa, mitten in das Gebiet der Dekapolis. Da brachte man ihm einen Taubstummen..."**

Auch bei heidnischen Autoren der christlichen Frühzeit findet man genügend Lebensspuren des historischen Jesus, die sich ins Bild fügen. So bei Tacitus, Sueton, Livius und Josephus Flavius. Das waren Historiker von Format. Sueton zum Beispiel lebte 70–120 n. Chr., war Gelehrter am kaiserlichen Hof und beauftragt, alle bisherigen römischen Kaiser in Biographien zu verewigen. Diese Geschichtsschreiber richteten auch einen staunenden Blick auf diesen seltsamen Menschen aus Nazareth und dessen Schicksal, gewiss ohne ihn als Sohn Gottes zu identifizieren.

Ein außergewöhnliches Zeugnis wie das **GRABTUCH VON TURIN**, das ich einmal lange Zeit im Original betrachten konnte, zeigt den Abdruck eines Mannes von ca. 1,78 m Größe mit semitischen Zügen in Frontansicht und in Rückenansicht. Das helle Tuch, in Fischgrätenmuster gewebt, ist 4,37 m lang und 1,11 m breit. Auf seinem Leib, seinem Gesicht und seiner Stirn finden sich alle Passionsspuren, die wir aus der Leidensgeschichte kennen:

Allein dreißig blutende Verletzungen im Stirn- und Nackenbereich sind erkennbar, verursacht von der verhöhnenden Königskrone aus scharfem Dornengeflecht. Und die größte Blutwunde, der ovale Lanzenschnitt von 4,5 cm Länge und

1,5 cm Breite in seine rechte Seite, den ihm der römische Soldat angetan hatte. Aber vor allem die Nagelwunden, im Tuch noch nachblutend. Dabei denken wir, dass er beim Schock dieser Einschläge für seine Peiniger gebetet hatte, der Vater möge ihnen verzeihen. Wer von uns fasst das alles?

Auch die Spuren der Torturen vor der Kreuzigung, der Geißelung nach römischem Brauch, sind ablesbar aus diesem Tuch. Sechzig Doppelschläge hat man gezählt. Dazu Faust- und Stockschläge. **„Nun spieen sie ihm ins Gesicht, schlugen ihn mit Fäusten, andere gaben ihm Stockschläge“** (Mt. 26, 67). Einer traf vermutlich eine Stelle über seinem rechten Auge, die Wunde misst 6 cm. Auch die Knieverletzungen wurden im Tuch gefunden, Zeugnisse seiner häufigen Stürze, wenn sein Gang unter dem Gewicht des patibulums, des Querbalken des Kreuzes, in Schmerz und Schwäche versagte auf seinem Kreuzweg zur Schädelstätte, hebräisch: Golgotha. Vergessen wir auch nicht die Herzwunde, die für mich von ungeheurer symbolischer Bedeutung ist: **„Nach dem Tod Jesu durchstach ein römischer Soldat mit einer Lanze das Herz, damit der Tod sicher war.“** (Joh. 19, 31-37). Die vier Berichte der Evangelisten und das Grabtuch von Turin stimmen überein.

Die hier genannten Einzelheiten entnahm ich der Ausstellungsbroschüre des Jahres 2000 „Ostensione della Sindone, Torino 2000“, die noch sehr viel mehr über dieses Tuch dokumentiert. Wie viele internationale Kongresse von Forschungsexperten haben schon stattgefunden! Denn gelegentlich zweifelt jemand an der Echtheit des Tuches, ich aber glaube fest daran und lade Sie ein, sich einmal anhand eines Bildbandes damit zu befassen, denn **„gekreuzigt unter Pontius Pilatus“** sprechen Sie ja sonntags während der Messe… Vielleicht hat uns die Vorsehung diesen historischen Betrachtungsgegenstand hinterlassen. Indessen schreitet die Sindonologie (Grabtuchforschung) weiter voran, man ist mit den stärksten Elektronenmikroskopen und Spezialscanners am Werk und macht sich kontinenteübergreifend Meldung. Übrigens hat man schon im Jahre 1954 die tiefen Münzeindrücke auf den Augenlidern entdeckt, so fest, dass man sie heute dank der neuen Geräte lesen kann: das Geld stammte aus dem Jahr 29 unter Pontius Pilatus.

Johannes, der einzige Apostel, der unter dem Kreuz ausgeharrt hatte, und der erste unter ihnen, der das leere Grab **„sah und glaubte"**, spricht noch von einem kleineren Tuch, das man dem Toten um sein noch immer blutendes Haupt gewunden hatte: **„es lag gefaltet für sich an einer besonderen Stelle"** (Joh. 20, 7). Man nennt es heute das heilige Schweißtuch (Santo Sudario). Seit dem achten Jahrhundert wird es im spanischen Oviedo aufbewahrt und immer wieder untersucht. Es soll angeblich siebzig Übereinstimmungen, die Identität des Toten betreffend, mit dem Grabtuch von Turin aufweisen. Selbst dieselbe, sehr seltene Blutgruppe – AB – ist erwiesen. Dieses kleinere Tuch bezeugt insbesondere die tiefen Dornenwunden der Spottkrone. Man nimmt an, die Salzkristalle des Schmerzschweißes halfen bei der Konservierung des Blutes (Quelle: Duke University, North Carolina, USA). Für das Frühjahr 2010 plant man, das Grabtuch in Turin nach zehn Jahren wieder zu zeigen. Dann wird es während dieser wenigen Wochen von Millionen besucht werden.

Die bewusst Ungläubigen lesen die Bibel nicht oder sie bezweifeln jedes Wort. Was sollen sie anfangen mit dieser besonderen Liebeslogik Gottes vor einem geschichtlichen Hintergrund und mit der Notwendigkeit des Kreuzes? Was sagt ihnen die Begründung: **„Weil Gott reine Liebe ist und weil die Liebe nur Vollkommenes erstrebt"**? Ohne Gottesschmerz konnte es aber keine Erlösung geben, er zieht sich wie ein Leitmotiv durch alle Evangelientexte – **„er musste leiden…, er musste…, er musste“.** Warum musste er? Weil Gott der Vollkommene ist und demnach bis ans Ende gehen muss. Er leidet ganz, denn er liebt ganz. Der Weltenherrscher begibt sich unter seine Geschöpfe und lässt den menschlichen Tod an sich heran. Er stirbt mit jedem einzelnen Menschen. Das Kreuz ist eine Notwendigkeit. Alles irdische Leid ist sein eigenes Leid im selben Schmerz und sein Leid ist unseres. Die ewige Kunstgeschichte hat das zum Thema. Sie setzt uns das Gottesleid bis heute wieder vor Augen, doch gingen diese Schmerzen in der Realität in eine Tiefe, die weder für die Künstler, noch für uns Betrachter je zu erreichen wäre.

In Jerusalem ist das gesamtgeschichtliche Menschenleid mit seinen unauslotbaren Abgründen wie durch einen Trichter in Jesus eingeschwemmt und wie ein Feuer in ihm aufgelodert, das ihn restlos verzehrte **(„Vater, warum hast Du mich verlassen?“)** Auch unsere menschliche Liebessprache kennt das: **„sich verbrennen, sich verzehren“** für einen anderen, den man liebt, **„sich aufreiben“**, **„sich aufgeben“**, **„sich verlieren an ihn“**. Der Menschensohn trank nicht seinen Kelch, sondern unseren und den der ganzen Schöpfung. Denn alles, was existiert, existiert ja in ihm, ist wesenhaft mit ihm verbunden, ist **„sein Eigentum“** (Johannesprolog).

Die rein menschliche Empfindung der Unlogik der christlichen Lehre ist eigentlich logisch. Wer nicht gut genug hinschaut, hat nur Probleme. Wer will einen Gott anbeten in dieser größten Armut in einem Viehstall, fernab vom glänzenden intellektuellen Weltgeschehen seiner Zeit? Das sind die hunderttausendmal gestellten Fragen damals wie heute. Die damaligen Heiden, die Philosophen und hochgebildeten Juden Palästinas haben im Namen des menschlichen Verstandes missmutig gezweifelt, weil die Christusgestalt nicht in ihren gewohnten Rahmen von Weisheit und Gottesmacht hineinging.

Die Quintessenz des Christentums aber ist die Verkündigung eines Gottes der Antipoden. Er ist von allem das Gegenteil. Gegenteil des philosophischen Gottesbildes, Gegenteil des jüdischen Gottesbildes, Gegenteil des islamischen Gottesbildes. Für die spekulierenden Philosophen-Köpfe Europas, für gläubige Juden und fromme Muslime ein Irrläufer, eine Verzerrung der allgemeingültigen Gottesidee. Sind wir aber gewillt, in ein anderes Paradigma einzutreten, dann erweist sich gerade dieser Gott in SEINEM Licht als eminent logisch.

Und wieder bin ich bei Johannes, dem Zeitzeugen, der alles überragt, was je gesagt werden könnte. Es hat etwas Ungeheuerliches, in welcher Weise er der Menschheit die Jesus-Gestalt nahe bringt. Obgleich er emphatisch den Christus-Logos erklärt und sagt, weshalb er das Alpha und das Omega, der Erste und der Letzte ist, geht er mit Geduld und Gründlichkeit in die geschichtlichen Details der Inkarnation. Eben noch lässt er ihn genial als Pantokrator des Universums glänzen und herrschen, und schon berichtet er die nächste berührende, persönlich erlebte Szene mit ihm in Galiläa. Solche Gegensätze wiegen für mich schwer an Wahrheit und Tiefe, alles greift bis ans Ende durch. Johannes hat sein Evangelium zuletzt verfasst, Jahrzehnte nach den anderen. Früher war der Apostel noch nicht fähig gewesen, die lückenlose Wahrheit zusammenzusetzen. Sein Erkenntnisglaube, den er auftragsgemäß weitergeben sollte, entsprang seiner eigenen, mystischen Erlebniserfahrung. Eine tiefere Quelle über Christus gibt es nicht. Johannes hatte in der inneren Jesusgestalt gelesen und dessen Mysterium von der Mitte her erfasst.

Das ist das spannungsreiche, weite Feld zwischen dem universalen Ganzen und dem speziellen Einzelnen. Dem universalen Ganzen nähern wir uns durch die Gefilde der Philosophie, demnach mehr oder weniger innerhalb eines konzeptuellen, abstrakten Ordnungsgefüges. Das befriedigt immer das Systemdenken und den forschenden Verstand. Aber die Jesus-Gestalt passt nicht in diese Kategorie – und er hat es gewusst: **„So wie sie mich verfolgen, so werden sie auch euch verfolgen“**... weil sie euch nicht verstehen werden. Der Mensch lehnt ab, was er nicht versteht. Indem die Verfolger weder Inkarnation noch Kreuz annehmen wollen, stellen sie klar, dass das universale Ganze nie und nimmer im besonderen Einzelnen enthalten sein kann. Aber was ist daran so schwer zu begreifen?

Sobald wir das Universale in ein System drängen, das ein vorgefertigter Rahmen umschließt, entweicht es uns. Bestenfalls bleibt eine Idee zurück, erarbeitet auf blutleeren und daher unfruchtbaren Feldern. Nein, das Universale existiert vollständig im Einzelnen. Die universale Ganzheit der Liebe Gottes – bitte glauben Sie es – existiert in Ihnen und ebenso in den beiden Personen, die gerade jetzt rechts und links von Ihnen sitzen und mit Ihnen zuhören. Das undenkbar Universale, die Gottesliebe, ist hier.

Ist Ihnen denn jemals die Menschheit irgendwo begegnet? An einem bestimmten Tag, an einem bestimmten Ort? Wo sollte sie auch sein, um sie sehen und gar berühren zu können. „Die Menschheit“, das ist neben mir am Mikrofon meine Vortragsdolmetscherin Margret Millischer, Sie können sie alle sehen. Nicht gut sehen können Sie hier vorn in der ersten Reihe Hidda Westenberger, Herausgeberin aller meiner Bücher und Übersetzerin der deutschen Ausgaben. Ja, das ist die Menschheit. Und auch Else Habison ist die Menschheit, die Bäuerin, die unser Team mit allem Gepäck für ein paar Tage auf dieser langen Reise von Bildungshaus zu Bildungshaus chauffiert. Menschheit als Konzept ist eine tote Sache, ihre Existenz bezieht sie aus den besonderen Einzelwesen. Wenn Sie sich mit der Menschheit befassen wollen, wenn Sie diese in ihrer Realität spüren wollen, dann tauchen Sie ein in Ihren Nächsten.

NÄCHSTENLIEBE – ein Gummiwort? **„Liebe deinen Nächsten!"** – dieses wichtige Liebesgebot hat Jesus sprachlich sehr klar formuliert, wir sollen es persönlich verstehen und befolgen. Von FERNSTENLIEBE ist keine Rede in diesem Zusammenhang, er hat dem Einzelnen nicht befohlen, die ganze Menschheit zu lieben. Wer könnte das? Er wusste, dann zögen sich viele aus der Affäre und liebten niemanden wirklich. Ich kenne genügend Leute, die sich sehr distanziert über die Menschheit äußern.

In meinem deutschen Buch „Mystische Erfahrung und soziales Engagement" berühre ich diesen sensiblen Punkt und versuche, ihn in beiden Richtungen auszuloten. Ich begebe mich in lichtvolle Zonen und tauche zugleich hinab in die Gründe menschlicher Existenz, denn Trennwände zwischen den Dimensionen sind illusorisch. Mystische Erkenntnisse und persönliche Erfahrungen werden uns nicht zum Alleinverzehr geschenkt, sondern mit dem stillen Aufruf zur Umsetzung in ein positives Engagement, welcher Art auch immer, sonst wird uns das Erlebte bald entgleiten. Oder man entdeckt, dass es sich nur um ein schönes Gedankenkonstrukt gehandelt hatte, nicht aber um Mystik.

Deshalb ist unsere Lebensgeschichte ein Echtheitstest für die Wahrheit. Die Wahrheit inkarniert sich in der Biographie eines Menschen und gibt Aufschluss über ihn. Vor allem inkarniert sich die Liebe und die Nächstenliebe in ihm unübersehbar in seinen Augen, seinen Worten, seiner ganzen Körpersprache. Man sagt, einen Menschen „in love" erkennt man wie eine Schwangere im neunten Monat. So sichtbar kann Liebe werden! Und die ganze Gestalt Jesus von Nazareth ist die Übersetzung der drei Worte GOTT IST LIEBE, was heute bezweifelt wird von vielen. Leider. Insbesondere in Europa, wo Gegenkräfte am Werk sind, die eine Christophobie schüren.

Aber das ist es, was uns an Jesus endlos faszinieren wird: Der ferne Weltenschöpfer, **„in dem alles gegründet ist"**, und zugleich unser naher Mitmensch **„in love"**. Zwei unversöhnliche Pole? Ja und nein. Hier liegt das brennend Interessante unserer christlichen Religion, in dieser dialektischen Spannung zwischen dem weltumgreifenden Großen und dem hingebend demütigen Kleinen. Beides ist göttlich, aber **„in den kleinsten Dingen ist Gott am größten"**, wusste Franz von Assisi. Diese Demut und Einfachheit beten wir an. Auf Knien und hin und wieder unter Tränen.

Würde uns ein Liebesgott denn aus der Ferne nur Signale senden, doch kein Echo brauchen? Sich unempfindlich zeigen? **„Zerrissest du den Himmel und stiegest nieder!"** – das war der Sehnsuchtsschrei des alten Propheten Jesaja (63, 19b). Auch andere Propheten hatten ahnendes Wissen und verkündeten es in herzzerreißender Intensität, bis Gott wirklich den Himmel zerriss **„und das Wort ist Fleisch geworden"**. Fleisch bedeutet „sarx" im Griechischen, und das ist eine Sprachverstärkung, Gott wurde nicht nur Leib, „soma" im Griechischen, sondern „sarx", Fleisch. Der sinnlichere und treffendere Ausdruck, für den man sich sicherheitshalber frühzeitig entschied. Gott stieg bis in die fleischlich-materiellen Tiefen der Welt herab, damit ALLES von ihm erfasst werde.

Und ALLES wurde von ihm tatsächlich erfasst. Wir sprachen vom Kreismittelpunkt, dem Kern des Seins. Inkarnation, Passion, Kreuz und Auferstehung – Schritt um Schritt hat Jesus Christus sich ins Zentrum der Menschenwelt und in ihre gepeinigte Geschichte hineinbegeben, damit er sie vollständig assimilieren konnte. Wir erkennen das als seinen und unseren **„Aufstieg zum Vater"**, alles überschreitend, allen Raum, alle Zeit und alles Leid. Ich mag das englische Verb **„to understand"**, wörtlich gemeint: „sich unter die Oberfläche begeben". Jede Sprache verfügt über intuitives Wissen und verwandelt dieses in Wortbilder. Verstehen im Englischen meint tiefer einsteigen, sich ins Innere eines Objektes begeben, dorthin nämlich, wo das Licht des Geistes brennt, denn es brennt überall und kann uns Menschen voll erfassen, damit wir verstehen.

Ich beobachte in Europa ein authentisches Verlangen nach Erkenntnis. Der spirituell offene Europäer sucht nach einem verbindenden Licht zwischen Glaube und Wissenschaft, zwischen Glaube und Gesellschaft, zwischen Glaube und persönlicher Lebenserfahrung. Er will aus dem offiziell vorhandenen christlichen Glauben einen Lichtstrahl auf sein eigenes Leben einfangen können, denn wenn der Glaube nicht sinnstiftend ist, wenn er nicht das Umfeld des Menschen miterleuchtet und seine ihm wichtigsten Lebensfragen beantwortet, dann bleibt er als Struktur nur ein prächtiges Etwas – unverstanden, bedeutungslos.

Liebe Freunde, wir müssen uns dringend zu einer neuen Tiefenbetrachtung entschließen. Und diese mahnt zur Wiederbesinnung auf Europas große Zeit christlicher Mystik. Ich werde niemals glauben, dass die Europäer, tief vom Christentum beschenkt, ihr Erbe verschleudern oder diesen geistigen Bezugspunkt verlieren werden. Der Grundspiegel ist intakt. Er bewahrt seine Ruhe, seinen Glanz.

KAPITEL SECHS

SPIRITUELLER HUMANISMUS EINE EUROPÄISCHE BERUFUNG

„Als Einzelne aber sind wir Glieder, die zusammengehören"
(Paulus an die Römer)

Meine lieben Freunde, diesmal möchte ich meinem Vortrag ein Gebet für Europa voranstellen und bitte Sie, mir im Stillen dabei zu folgen. Ein Gebet zum lebensspendenden Gottesgeist in unserer Welt.

FÜR EUROPA

Geist Gottes,
am Ursprung allen Werdens hast Du gewirkt
und Du wirkst bis zur Stunde.
In den Menschengeschlechtern wurdest Du von vielen erlebt,
Dein Anruf ist vernommen, erkannt und beantwortet worden.
Heute hast Du den europäischen Kontinent
für eine besondere Aufgabe bestimmt
und fügst ihn zusammen
zu einer Zivilisation der pluralen Einheit
wie sie bunter nicht sein könnte.
Dafür setzt Du auf die Bereitschaft seiner Menschen
und ihres ererbten, fundamentalen Glaubens,
ihn gilt es unermüdlich zu erneuern und zeitgemäß
hinauszutragen in alle Welt.
Geist Gottes,
noch zweifeln die Europäer an dieser Berufung,
denn sie zweifeln an ihrer neuen Identität,

hilf ihnen in ihrem Tasten und Suchen,
neu an Gestalt zu gewinnen,
die ihrem Status der Gotteskindschaft entspricht.
Gib ihnen Zuversicht und stärke sie für ihre Mission
eines weltweit spirituellen Humanismus.
Hilf Europa der Welt zu helfen,
denn Du kannst einander Fremdes zusammenführen.
Hilf Europa, die großen menschenwürdigen Ziele
wie soziale Gerechtigkeit und Beachtung der Menschenrechte
überall zu erreichen,
indem dieser Humanismus sich entfaltet und reift.
Möge sich das Weltbewusstsein tiefen und weiten
nach Deinem Sinn,
noch fehlt es an Phantasie und an Willen.
Geist Gottes,
hilf Europa, auch jene Spannungen zu meistern,
in denen es mit seiner Kirche lebt und leidet.
Halte in den Menschen die Erinnerung wach,
dass diese Kirche sie über Jahrhunderte
geistig und menschlich geschult und genährt hat.
Geist Gottes,
auch hier bist Du der offene Weg,
der zum Verständigungswillen drängt
zwischen den sich ständig bildenden Fronten.
Denn nur mit Dir gelangt Europa zu einer Neugestaltung
in seinem Denken und Fühlen, in seinem Hoffen und Handeln
für eine bessere Zukunft für alle.
Amen

Weil der Geist unermüdlich Leben schafft und in sich selbst Licht bedeutet, sprechen wir vom LEBENSLICHT, das er uns gibt. Auch unsere Bibelautoren haben beide Begriffe zusammengefügt – in besonderer Schönheit später bei Johannes zu erleben. Und gleich am Ursprung allen Werdens zeigt ihn die

Genesis ehrfurchtgebietend als fruchtbare Präsenz, ihm gebührt das erste Wort der Bibel. Dann, etwa in der Mitte, feiert sie sein großes Fest, Pfingsten. Und am Ende der Bibel ruft der Geist im Sieg die Braut: **„Komm!“** Die Welt ist an ihr Ziel gelangt.

Und doch wissen die Dichter aller Zeiten und Kulturkreise wie unausschöpflich der Geist für uns Menschen bleiben wird. Die echten Künstler arbeiten mit ihm in Gemeinschaft, ihre Werke „atmen“, sie atmen Leben, weil sie Zugang zum unbegrenzten Lebensgeist besitzen, weil es Schöpfungen inspirierter Wesen sind und jedes Werk ein Unikat. Das ist die Art des Geistes, ein Schaffender zu sein, ein rastloser Erfinder in göttlich grenzenloser Freiheit. Das letzte Vatikanische Konzil hat versucht, diese unendliche Vielfalt von Geistesäußerungen sowohl innerhalb als auch außerhalb der Kirche neu zu durchdenken und in ganzem Freimut zu benennen.

Liebe Freunde, weil ich als Teil meiner Veranlagung selbst über eine gute Portion Abenteuergeist verfüge, liebe ich den Geist sehr, ich liebe seine Überraschungen, und weil er die Phantasie par excellence ist, bin ich heute Abend mit Ihnen auf dem Weg ins neue Europa. Europa wird das Werk des Geistes sein unter der Mitarbeit bestimmter Menschen, die er sich sucht, weil sie ihm ähnlich sind. Freie, offene Geister braucht er, um ein geistiges Europa zu schaffen, das mehr ist, als ein Wirtschaftsgigant und mehr als politische Vernunft. Noch ist es auf der Suche nach sich selbst und nach dem besonderen Wesen einer Einheit. Auf seinem Weg sind aber tausend Lichter angezündet und tausend Gesichter des Geistes säumen ihn, das wird den Sensiblen immer deutlicher erkennbar und sie werden die Mehrheit mit sich ziehen, die sich noch apathisch zeigt.

Noch... Denn niemand kann bestreiten, dass unser Weltbewusstsein ständig steigt – oder man ist blind und taub. Der Geist inspiriert Europa unentwegt, visionär Neues zu denken und sieht vielleicht die Zeit für gekommen, es zu wagen. Dabei ringt er ordentlich mit dem menschlichen Verstand und Eigensinn, ein Kampf, den schon ein Engel mit einem Menschen, Jakob, durchzustehen hatte. Seltsam apathisch hingegen zeigen sich die Europäer gegenüber der schleichenden Islamisierung ihrer Länder. Davon wird die Rede sein, wenn ich zum Recht auf Religionsfreiheit FÜR ALLE komme.

Die vier Propheten Europas, Jean Monnet, Konrad Adenauer, Alcide de Gasperi und Robert Schumann, hatten das getan. In der Mitte der vergangenen Jahrhunderts ließen sie sich auf den Weckruf des Geistes ein, erdachten und erkämpften einen neuen Kontinent. Möge Europa sie nicht aus dem Blick verlieren, mögen sie der Ansporn bleiben, immer wieder, wenn nötig, in ein Neuland vorzustoßen.

Merkmal des Propheten ist es, Einzelkämpfer zu sein und immer weit der Zeit voraus, angetrieben von sehr bestimmten Zukunftsbildern in der klopfenden Brust, die in der Realität kein Echo finden, weil nichts davon auch nur ansatzweise existiert. Folglich wird der Prophet belächelt und konstant behindert in seinem Tun und Sagen. Er weiß jedoch, dass seine Wahrheitsstunde läuten wird. Diese Kraft legt ihm der Geist ins Herz. Der „undiskutablen, tollkühnen" Idee eines vereinten Europas ist es anfangs ebenso ergangen, kaum jemand wollte ihr so bald schon nach den Horrorszenarien des Zweiten Weltkriegs einen Funken Glauben schenken. Über Jahrhunderte Eroberungskriege, Religionskriege, Erbfolgekriege und zwei wahnsinnige Weltkriege... Doch die Zeit war reif geworden und der Geist gibt diesen Kontinent nicht auf! Die vier

Gründerväter Europas wurden mit immer mehr Courage ausgestattet und der Geist blieb fest an ihrer Seite.

Das entspricht seiner Vorgangsweise im Laufe der Geschichte. Wie oft schon traten geniale Menschen auf, lichtdurchlässig für den Geist, wenn die Vernunft der anderen versagte und das Elend wuchs. „Prophet", dieses Wort hat nicht die Religion gepachtet, es gebührt allen Visionären, allen freien und starken Seelen, die der Geist erleuchten kann, um eine bislang unbekannte Welt zu erschließen.

Die Vereinten Nationen und die Europäische Union bauen an einer verbesserten Lebensqualität für alle Völker und **„Gott ist der schweigende Partner bei allen großen Unternehmungen"**, so bekannte es ein großer Staatsmann – Abraham Lincoln. Auf ihren ausgedehnten Arbeitsfeldern mit horrendem Konfliktpotential gedeihen gerade deshalb gute Früchte des Geistes, Früchte der besten Sorte, denn sie weisen in eine Zukunft, in der alle Nationen einmal ankommen sollen – vereint! Mittlerweile haben wir schon ein Europaparlament für 375 Millionen Bürger.

Der Geist schafft Einheit in großer Farbenvielfalt, das ist sein Wunder, das ist sein Wille, das ist seine Liebe. Bei aller Verschiedenheit bewirkt er das Geeinte, das Gesammelte, das Ganze. Er ist das Vielgestaltige, das Vielgesichtige, das endlos Aufgefächerte – und doch die einende Kraft in allem. Und sollte dann und wann eine Gegenkraft dazwischenfahren, um den Gestaltungswillen einzubremsen und schon Erworbenes zu spalten, dann lesen wir die Handschrift des Teufels.

Immerzu und überall gibt es die Rückwärtsgewandten und die Vorwärtsblickenden. Letztere registrieren die Geistbewegungen im Handeln der Menschen und nehmen das Andere, das sie entdecken, erst einmal mit Neugier auf. Den anderen genügt die treue Wiederholung des Gewohnten vollkommen, weil sie meinen, die Geschichte verliefe zyklisch, demnach sei kein Experiment lohnenswert, vor allem nicht das Risiko. Aber wie steht es um die biblische Ansage: **„Ich mache alles neu!“** (Geheime Offenbarung 21, 5)? Die vier weisen Männer Europas sahen wirklich Neues kommen und ihr Glaube versetzte ihnen viele Berge. Stillstand und Skepsis sind fatal, Kreisbewegungen ohne Ziel sind ohne jeden Sinn.

Wenn wir biologisch denken, dann bringt Alterung die Umkehr. Geistig aber geschieht das Gegenteil, der Geist nimmt ständig zu! Gerade weil Europa ein alter Kontinent genannt wird, wird sich der Geist sehr verdichten – wenn man ihn nicht blockiert, was leider viel zu oft real geschieht. Auch durch mangelnden Mut, Ängste also, vor allem die Angst, die „politische Korrektheit“ zu beleidigen. Dabei wird viel Erworbenes zurückgeworfen. Möge doch der Geistwind in ihre Zellen fahren, ihre Gemüter von diesem Staub befreien und ihre Logik schärfen! Das, liebe Freunde, wäre ein Gebetsinhalt! Und seien Sie gewiss, der Ausdruck „alter Kontinent“ ist nur ein geschichtsstatistisches Faktum, taufrisch hingegen sind Geist- und Herzensqualität jeder neuen Generation.

Sie werden mich fragen: wo sieht man denn den Geist am Werk, bitte einmal ganz konkret! Dort, wo couragierte Akzeptanz geschieht, wo ich ausgebreitete Arme finde, wo sich ein toleranter Menschengeist manifestieren will, dort wohnt mit ihm zugleich der göttliche Geist. Und dieser wacht über eines jeden Identität und Authentizität! Gottesgeist und Menschengeist gemeinsam an der Arbeit, das ist das europäische Projekt, das ich seit Jahren hier den jungen Menschen im Horizont unserer geistigen Evolution glaubhaft machen möchte.

Um welche Einheit aber geht es wirklich? Weder um eine monolithische, noch um eine totalitäre wie sie Europa schmerzensreich im Nazismus und im Kommunismus erfahren musste. Der Typus, den ich kommen sehe, ist der einer PLURALEN EINHEIT. Dem Nichteuropäer wie mir präsentiert sich Europa nach wie vor als dieses prächtige Ensemble sehr besonderer Nationen, welches unbedingt bewahrt bleiben muss, multi-kulturell und multi-ethnisch sehr komplex, bunt und geistig sehr verschieden voneinander, und auch die Sprachen und Dialekte werden sich erhalten. Ein Nationeneintopf, in dem sich eines Tages die Konturen lösen? Das wäre weder machbar, noch wünschenswert, sondern eine Katastrophe.

Wie aber sollen die Nationen zur kulturellen Einheit finden? Müssen die Deutschen ihren Goethe und ihren Beethoven unwiederbringlich opfern, die Franzosen Pascal und Exupéry, die Italiener Dante und Leonardo, die Österreicher Mozart und Rilke? Jede, nicht nur diese vier Nationen, birgt in ihrem Geistesgut hohe Schätze, deren Profil man längst noch nicht EU-weit kennt und wertet, man hat sie noch nicht ins Ganze eingebracht, weil man nicht weiß, wie. Ängstigt jeweils der Verlust des eigenen Profils?

Zurück zu den Propheten Europas. Ein verfrühter unter ihnen war Teilhard de Chardin (gest. 1955), seiner Zeit um ein Jahrhundert wohl voraus. Ihm ging es um die spirituelle Arbeit an der eigenen Person im Hinblick auf das Ganze: **„Weder der Ameisenstaat, noch ein schrankenloser Egoismus sind die kommenden Lebensformen, sondern einzig die persönliche Entfaltung im Dienste der Gemeinschaft hat Zukunft".** Ein anderer Prophet ist für mich auch Emmanuel Mounier, Gründer des Personalismus und der elitären Pariser Zeitschrift ESPRIT. Er starb 1950 und hinterließ, philosophisch bestens formuliert, eine wichtige Botschaft: Er mahnte zur Unterscheidung zwischen dem Individuum und der Person, und noch immer verwechselt man beide. Das menschliche Individuum ist anfangs noch nicht Person im geistigen Sinn, da vollkommen auf sich selbst bezogen eingekrümmt, sein Lieblingswort ist „ich“ und noch dreimal „ich“. Vielleicht entfaltet sich das Individuum – vielleicht auch nicht. Die Person aber ist das reife Wesen, das sich für den Austausch menschenfreundlich öffnet, das Beziehungen pflegt und die ihm gut gelingen, weil es sich zurückzunehmen weiß. Der Schritt vom Individuum zur Person ist ein tiefgreifend spiritueller Vorgang, der fundamentale Entwicklungsschritt, der dem Betreffenden bestenfalls im Rückblick erst bewusst wird.

Was war geschehen? Der in sich Verschlossene ist trotz seiner Ich-Bezogenheit hellhörig geworden und auf die Klopfzeichen des Geistes eingegangen. Das hat ihn grundlegend verändert. Derselbe Appell, meine lieben europäischen Freunde, ergeht jetzt an diesen Kontinent und an alle seine Menschen. Nicht etwa, dass sie im Sinne der Menschenwürde noch keine Personen wären, doch unterliegt der europäische Integrationsprozess DEMSELBEN GEISTIMPULS wie das Individuum, das Person werden soll. Jetzt drängt der Geist zur allgemeinen Öffnung. Notwendigerweise müssen die Einzelstaaten aus sich heraustreten so wie eine reifende Person das Individuum überwinden muss. Dann sind sie „durch“ und der Kontinent gelingt.

Diese geistige Dezentrierung kann nicht aufgrund einer strahlenden Idee spontan vonstatten gehen, dazu sind Mengen zusätzlicher Seelenkräfte nötig, die nur der Geist stiften kann und stiften wird, wenn man sich ihm öffnet und vertraut. Der Geist will Wachstum schaffen, er will den Selbstverzicht anregen, geradeso wie draußen beim immerwährend berührenden Naturgeschehen vor unseren Augen. Der Geist arbeitet verlässlich am Lebendigen, damit es nicht stagniert, und er selbst ist das Lebendige.

Kein Gedanke daran, die eigene Kultur klein zu reden, aber langsamen Schrittes wird jede Nation ihre geistige Berufung für das Ganze voll erkennen und alle Gesichter zusammen bilden gemeinsam Europas neues Gesicht. **„Der Geist personalisiert“** heißt es bei Teilhard de Chardin, das besagt, er ebnet nicht ein, wenn er an einer Vereinigung arbeitet, sondern er betont und liebt gerade das Besondere, er formt und bildet am unverwechselbar Persönlichen, weil nur die Vollgestalt eines Menschen wie auch einer Nation dem Ganzen dient. Die Sache ist ernst, sie muss verstanden werden. Bei einem Misslingen der europäischen Idee bekäme die Welt ein totalitäres Europa serviert, ein gefährliches Werk ohne Gesicht.

Eine gesunde Welt braucht multipolare menschliche Gemeinschaften und keine unipolaren, um die seit alters her von den Großreichen gestritten wird, von den Römern bis zu den gegenwärtigen Indern und Chinesen, auch Russland und Brasilien zeigen Muskeln – und alle kämpfen nur für sich. Daher macht es mich unruhig, dass Europa angesichts dieser rasanten weltpolitischen Entwicklung noch immer uneins mit sich selber ist – in allzu vielen Punkten –, denn das ist nicht der Geist. Zu oft wird gegen ihn verhandelt und nicht mit ihm.

Dann schweift mein sinnender Blick über die Tiefen unserer zivilisatorischen Vergangenheit und erkennt nur eine einzige kulturelle Menschheitsentwicklung. Diese hat sich über alle Längen- und Breitengrade in ihrer je ursprünglichen Art manifestiert. Wir wissen ungefähr wo die ersten Wiegen standen, in Indien, Persien, Mesopotamien und Ägypten. Dieser ersten Weltkultur entwuchs das Wunder Griechenland mit seinen Spitzenleistungen, doch seine Wurzeln tranken weiter am geistigen Erbe des Nahen und Mittleren Ostens. Die griechische Weisheit spürte, dass eine Zivilisation zwar Eigenes schaffen, sich aber auch inspirieren lassen muss, sonst erschlafft sie, so aber weht der Geistwind stark. Wir neigen uns noch immer vor den „freien Künsten" Griechenlands.

Ihre europäischen Intellektuellen, liebe Freunde, und allen voran die Meisterdenker der vergangenen Jahrhunderte, haben das genau gewusst und eine universale Bildung angestrebt. In ihren scheußlich unbequemen Kutschen reisten sie auf unmöglichen Straßen kreuz und quer durch ganz Europa, von Berlin nach Paris, von Weimar nach Rom, von Prag nach Wien und umgekehrt, weil ihnen die literarischen Quellen über fremde Länder nicht genügten. Es fehlte die Erfahrung, um einen zusammenschauenden Blick zu gewinnen. Auch die Künstler suchten gegenseitig Inspiration und neue Horizonte. Das alles ermahnte zum Erlernen vieler Fremdsprachen gleichzeitig. Auch das ein Zeichen geistigen Lebendigseins! Ein Imperativ für das heutige Europa.

An meine eigenen Landsleute in Kairo und Alexandria wende ich mich mit derselben Botschaft: *„Was ängstigt euch? Ihr wollt mit großem Eifer eure arabische Identität bewahren? Nun gut, dann schließt euch nur hermetisch gegen den Westen ab, beschwert euch aber nicht, wenn euch der Frust besucht, weil euer geistiges Leben träge wird. Die bedeutendsten Epochen der arabischen Kultur waren immer Zeiten der Öffnung und des Austauschs, das bot Wachstum und Entwicklung. Austausch ist immer fruchtbar. Erst als diese wissenshungrigen und geistig großzügigen Zivilisationen selbstgenügsam wurden und sich immer mehr verschlossen, begann der Niedergang. Sucht das geistige Feuer wach zu halten durch Mit-Teilung anstatt dem Druck des Fundamentalismus nachzugeben! Dann wird sich euer arabischer Stolz in gesunder Weise immer neu beleben!"*

So beschwöre ich meine jungen ägyptischen Hörer. Und noch mehr sage ich ihnen: *„Seid gewiss, der Westen hat einen beträchtlichen Teil seines geistigen Gutes aus dem Orient importiert. Vom Mittelalter bis zur Renaissance stand das allen klar vor Augen. Europa hat später die Moderne in die Welt gebracht, es hat ein neues, universales Modell für eine neue Zeit entwickelt. Dank dessen und dank der neuen Kommunikationstechnik können wir heute GEMEINSAM die Welt durchdenken und das menschliche Leben endlich als EINES erfassen. Dabei wird Europa im Kreise der Weltkulturen für uns immer der bevorzugte Dialogpartner sein. Denn das Universale ist ein Aspekt der europäischen Berufung und hoffentlich ein Leuchtsignal für die anderen Teile unserer Welt."*

Geistgeleitet hat Europa seine neuzeitliche Universalkultur in der Welt ausgedehnt, es hat Geist über manches unwillige Fleisch kommen lassen. Als brennendes Beispiel nenne ich das erwachte SOZIALBEWUSSTSEIN EUROPAS. Und die MENSCHENRECHTE, ideengespeist aus den Evangelien, hat es auch nicht für sich allein erfunden. Aus den Evangelien? Sicher, ob das nun manchen Zeitgenossen schmeckt oder nicht, es hat schon damals nicht geschmeckt, als Paulus die Galater wissen ließ, das Menschenbild sei nun verändert: **„Jetzt gibt es nicht mehr Juden oder Heiden, nicht mehr Sklaven oder Freie, nicht mehr Mann oder Frau, denn alle sind nun Einer in Christus Jesus".** Hier war die spätantike Klassengesellschaft gemeint, doch auch unsere Welt ist Empfänger dieser Botschaft. Seit 1950 gibt es die EUROPÄISCHE MENSCHENRECHTSKONVENTION. Es gibt diverse Menschenrechtsorganisationen wie z.B. Amnesty International. Es gibt sogar den Europäischen Gerichtshof für Menschenrechte. Und viel Gutes mehr dieser Art, das mit dem Bösem zu kämpfen hat.

Verbauen wir uns bitte nicht den Blick für die Wahrheit! Ohne dabei das griechische Ideal vom Menschen zu vergessen, liegen diesen groß angelegten und zurecht gefeierten Konzepten der Moderne die stillen Mahnungen des Christentums zugrunde. Europa hat den erkannten Sinn für soziale Gerechtigkeit real entfaltet und entwickelt, es hat diesen entscheidenden Prozess in Gang gesetzt und ihn der Welt gestiftet. Die Erkenntnis der Einzigartigkeit und Würde jedes Menschen hatte zunächst zum unüberhörbaren Ruf nach Freiheit, Gleichheit und Brüderlichkeit geführt und später unter diesem Banner zur Allgemeinen Erklärung der Menschenrechte. Und damit das soziale Niveau überall in der Welt weiter angehoben werden kann, dafür kann wiederum der europäische Kontinent bestimmte intellektuelle Kräfte mobil machen. Wirtschaftstechnisch gesehen sind diese Ziele immer in greifbarer Nähe, doch politisch entschwinden sie. Das ist die gegenwärtige Tragik. Aber auch an dieser wunden Stelle wird die Einsicht siegen, weil sich das Wissen um die Notwendigkeit der sozialen Verantwortung ständig mehrt. Dementsprechend verabreden sich Menschengeist und Gottesgeist, eingedenk der MENSCHENRECHTSCHARTA der Vereinten Nationen, die sagt: **„Alle Menschen sind frei und gleich an Würde“.**

Ein großes Wort fürwahr! Und die Zusage auf RELIGIONSFREIHEIT ist davon nicht ausgenommen! Aber der sich festigende Islam in Europa sorgt für wachsende Probleme in seiner tief verankerten Weigerung, das Religiöse vom Politischen zu trennen. Sein Credo heißt **„Al-islaâm dîn wa dawla“ („Islam ist Religion und Staat“).** Nachdem der Prophet Mekka verlassen hatte, um seinen neuen Staat in Medina zu gründen, galten Religion und sämtliche Gesellschaftspolitik als untrennbar eins – und so ist es nach 1.400 Jahren aufs Strengste noch heute! Der Islam ist das Allumfassende und Allbedeutende, das unantastbar Unveränderliche. Er ist alles und bildet sogar das Zentrum der Wirtschaft. Wo soll, bitte, in diesem System der Toleranzaspekt Platz haben? Also wird in 57 islamischen Ländern dieser Erde die ungelegene Religionsfreiheit als Rechtsanspruch umgangnen. Aber diese Religion gibt sich aus als tolerant! Zeige man uns Christen bitte klare Beispiele, denn die feierlichen Erklärungen in Abschlusspapieren von Kongressen und freundliches Schulterklopfen bei hohen Besuchen bringen die Dinge nicht weiter. Wann wird man den ehrlichen Mut aufbringen, bis ans Ende solcher offenstehender Fragen zu gelangen?

Mit Beklemmung und Trauer lese ich in den Medien, dass ein zum Christentum konvertierter Muslim verfolgt, bedroht, eingekerkert und gefoltert wurde – und das in einem Land, das sich ständig mit Nachdruck als laizistisch und weltoffen propagiert – die Türkei! Ist das ein Toleranzbeweis? Wie kann heute überhaupt noch ein Staat seinen Bürgern den Glauben diktieren, verbieten oder gar brutal bestrafen? Selbst im westlichen Europa leben muslimische Konvertiten in ständiger Bedrohung. Ein Beispiel, das Ihnen bekannt sein dürfte, ist der ägyptische, in Italien lebende Journalist Magdi Allam, der nach seiner päpstlichen Taufe im Petersdom seinen neuen Glauben durch einen zweiten Vornamen bekennen will: Magdi Christiano Allam. Seitdem braucht er Polizeischutz.

Deshalb möchte ich manchen der westlichen Medienleute, darunter kenntnisreiche Orientalisten, die vielerlei über den Islam zu schreiben wissen, dringend sagen: wer sich von Euch das Recht nimmt, Wissen über diese Euch wesensfremde Kultur im Westen auszubreiten, der sollte zuvor gründlichst in einem dieser Länder gelebt haben. Nicht in modernen Hotels von deren werbendem Flair geblendet, sondern in der Alltagsmitte der Bevölkerung. Man versteht den Islam auch nicht aufgrund intellektueller, islamologischer Fachliteratur und sei es die beste, nein, man muss ihn vor Ort ERLEBEN.

Das ist mein ewiger Vorwurf, den ich der oft naiven Tonlage solcher westlicher Analysen mache.

Denn jenen eifrigen Leuten dürfte die Koran-Sure 2, Vers 257 wohlbekannt sein: **„Zwingt keinen zum Glauben!"** Ein Imperativ. Und es entgeht ihnen ebenso wenig, dass jetzt in Teheran ein Gesetzesentwurf gebilligt wurde, der die Abkehr vom Islam mit dem Tode bestraft. Männer werden gehängt, Frauen gesteinigt oder geköpft! Die Diskriminierung von Konvertiten ist weltweit im Gange, in neun Staaten droht Muslimen die Todesstrafe. (Quelle: Grieb, Internationale Gesellschaft für Menschenrechte, publiziert in DIE PRESSE, 5.12.2008). Aber **„es gibt keinen Zwang"** – so will es das heilige Buch, der Koran.

Und der Islam möchte Europa übernehmen und zwar ganz! Das weiß jeder. Hierzu die Fiktion eines Buches von Helena Schudinowa, eine in Russland bekannte Literatin, unter dem Titel **„Die Moschee Notre-Dame von Paris"**. Es wurde längst ins Französische übersetzt, bislang wagt aber kein Pariser Verleger, es zu publizieren. Schudinowa lässt ihre Handlung im Jahre 2040 spielen und schildert den gesamten europäischen Kontinent als ein **EURABIEN**. Die Nachkommen der muslimischen Einwanderer erreichten auf legalem Weg, durch demokratische Wahl, die Mehrheit. Der Islam ist in Frankreich zur Staatsreligion erklärt. Die Scharia ersetzt die republikanische Gesetzgebung. Die katholische Kathedrale von Notre-Dame ist zur Moschee umfunktioniert. Die letzte Christen werden gezwungen, außer Sichtweite in Ghettos zu leben! Soweit dieses russische Buch, aus Ängsten geboren.

Pessimistische Europäer beschreiben gern eine **„Euro-Scharia"**, wie sie die Fühler ausstreckt, obgleich laufend Meldungen aus jenen Weltteilen eintreffen, die kaum zu glauben sind. Diese „Strafregelung" wurde beispielsweise in Indonesien verschärft: Vorehelicher Geschlechtsverkehr wird mit einhundert Peitschenhieben bestraft, auf Ehebruch steht der Tod durch Steinigung und überführten Homosexuellen droht bis zu acht Jahren Haft (CIG). Indonesien heute, aber fern, werden Sie sagen. Was aber ist die Meinung des Oberhauptes der bosnischen Muslime, Großmufti Cerić? … Er findet, dass „die Scharia als Gottesbund mit dem Menschen" durchaus mit dem europäischen Verfassungsrecht und dem modernen westlichen Rechtsstaat vereinbar sei und deshalb Anspruch auf Anerkennung erhebe. (CIG)

Was dem einen Zukunft ist, ist dem anderen Lebensstillstand. Ich selbst glaube unerschütterlich an die humanistische, geistige Evolution aller Menschen. Auf dem toten Gleis stehen die Dinge nicht. Immerhin wurde im Mai 2008 im Vatikan ein dreitägiges islamo-christliches (präziser: schiitisch-katholisches) Forum abgehalten. Ein Novum, das als religionspolitisch sensationell und theologisch revolutionär beurteilt wurde, zumindest von außenstehenden Beobachtern. Es ging um das Paar GLAUBE UND VERNUNFT, um ihre Beziehung zueinander, aber auch um beider Beziehung zum Phänomen Gewalt. Wer genau saß am Runden Tisch beisammen? Der „Päpstliche Rat für den Interreligiösen Dialog" unter der Leitung des französischen Kurienkardinals Tauran, und das „Zentrum für Interreligiösen Dialog der Organisation Islamischer Kultur und Beziehungen" in einer Delegation aus Teheran unter Vorsitz des Iraners Mostafavi. Irgendetwas bewegt sich! Im November 2007 erfuhr die Welt bereits vom Besuch des saudiarabischen Königs im Vatikan. Ich glaube nicht, dass Abdallah mit dem Papst über Ölpreise stritt, wohl aber über die weltweite Religionsfreiheit im Zeichen des großen Anliegens von Benedikt XVI., GLAUBE und VERNUNFT immer zu paaren, **„beide haben mit Gewalt nicht das mindeste zu tun und sind vielmehr als Geschenke Gottes zu bedanken."**

Vergessen wir nicht, in welch anspruchsvoller Deutlichkeit Papst Johannes Paul II von einer erdumgreifenden **ZIVILISATION DER LIEBE** sprach. Auch er hatte einen Traum, den er gegen die vielfach verbreitete „Kultur des Todes" setzte, einen Traum, der sein Herz tief bewegte und für den er nach „Arbeitern im Weinberg" rief. In einer Zivilisation der Liebe spürt jeder, was Menschenwürde ist, was Schutz und Gleichheit vor dem Gesetz bedeuten und Förderung geistigen Wachstums, weil die Liebe unaufhaltsam weiterwächst.

Wenn diese Visionen sich einst verwirklicht haben, dann werden sie sich anfühlen wie normale Naturgesetze. Freilich werden Unterschiede bleiben, aber vieles kommt ins Lot. Auch die mit so viel Tragik verbundenen Immigrationsprobleme werden schwinden, weil die Menschen sich zu Hause besser fühlen und gar nicht daran denken, sich eine fremde Kultur und Sprache anzuquälen. Momentan, so die Statistik der UN, befinden sich **„42 Millionen Menschen auf der Flucht und jeder zweite ist ein Kind"**. Und die Hungerstatistik? **„Eine Milliarde und zweihundert Millionen Menschen leiden derzeit an Hunger."**

Im Stillen muss sich heute jeder eingestehen, dass der Sozialismus als politische Idee von gesunden Idealen lebt, sofern er nicht kippt und zum Totalitarismus mutiert. Gesunde Ideale, die schon aus den Appellen der ersten Christenapostel zu hören waren, und sie wurden weitergegeben durch Länder und Zeiten. Nicht selten berufen sich engagierte Politiker auf das Urchristentum, zumindest in leiser Randbemerkung. Heute ist das Weltbewusstsein empfänglicher denn je für die soziale

Idee der EINEN WELT, in der man füreinander denkt und sorgt wie in einer Hausgemeinschaft, wo alles für alle da ist, wo der Schwache gestützt und mitgetragen wird und wo einer den anderen versteht.

Ich sehe bei dieser geistigen Entwicklung einen neuen Humanismus voraus, er ist schon geboren und gewinnt an Gestalt, es ist der SPIRITUELLE HUMANISMUS. Ich finde ihn im hochengagierten Kampf für die Durchsetzung der Menschenrechte bis in die entlegendsten Teile der Welt oder in der offenen Sorge um unsere alten Menschen. Neue Dinge – spirituelle Anliegen! Auch das überpersönliche Engagement Tausender im ökologischen Bereich ist selbstlose, humanitäre Arbeit. Es wird einen weltweit anwachsenden spirituellen Humanismus geben, der aus den Evangelien stammt, auch wenn man sich nicht erinnert. Zunächst wird er verstreut und später flächendeckend seine Früchte tragen. Weil ich aber Christ bin, bin ich unerschütterlicher Optimist und sehe zugleich das Heraufziehen eines neuen Christentums. Beides sind helle Lichtzonen am Horizont, insbesondere für die westlichen Völker.

Mit dem neuen Christentum meine ich nicht eine Aufwärmung des alten, sondern ein anders gestaltetes Christentum, dessen Kern der ewige bleibt. Die Europäische Union will zukünftig, genauer gesagt bei der nächsten Volkszählung 2011, die Frage nach der Religionszugehörigkeit ganz ausblenden. Und an den Schulen gewinnt das Fach „Ethik" immer mehr an Gewicht. Ich höre und lese die heißen Debatten. Und trotzdem lamentiere oder verzweifle ich nicht, weil ich „katholisch" denke, weit und inklusiv! Wenn man nämlich nachfragt, was der Ethik-Unterricht im Programm hat, dann erfahre ich nichts anderes als christliche Werte: Verantwortung, Solidarität, Gerechtigkeitsempfinden, Toleranz, Hoffen, Glauben an den Menschen und anderes Gutes. PFLICHTFACH ETHIK! Grund zu Missmut und Resignation?

Der Genialität des Jesuitengeistes verdanken wir seit langem den sogenannten CHRISTLICHEN HUMANISMUS. Er war einer der Gründe, weshalb ich mich für diesen Orden einst entschied. Sollte die katholische Kirche heute nicht so handeln wie die Jesuiten im 16. Jahrhundert im grellen Licht der Renaissance? Aufnahmebereit für humanistische Werte von draußen, um sie in den christlichen Glauben zu integrieren? Gemäß der Aufforderung des Paulus, man solle alles prüfen und das Gute behalten? Behalten! Echtes Christentum verpönt nichts, sondern bezieht es ein, wenn es gut ist. Dann handelt es katholisch, das universell bedeutet, „katholos" – umfassend –, dann bleibt es authentisch und sich selber treu. Nabelschau ist Rückwärtsschau, denn die vorwärtsdrängenden Lebenssäfte lassen nach.

Von seinem Ursprung her ist das Christentum inklusiv, nicht exklusiv. Trotzdem hat es im Laufe seiner Geschichte viel zu oft exklusiv gehandelt und sich dabei selbst um seine Katholizität betrogen, es lebte an seiner Universalität vorbei und hat seinem eigentlichen Auftrag nicht entsprochen. Dass es überall kräftig menschelt, das wissen wir. Die Kirche duldet und produziert auch Ungutes und wir leiden alle daran. Aber sie ist willig geworden, begangene Fehler einzugestehen, ohne die früheren Verschleierungskünste und Beschwichtigungsmanöver. Es sollte aber auch das positive Spektrum der immensen kirchlichen Mühen um soziale Erfolge klarer gesehen und lauter genannt werden! Das müssen Europäer sich selbst von einem Nigerianer sagen lassen, von Amos Aderonmu, Leiter des dortigen Missionswerkes. Er bittet die europäischen Christen, die westliche Missionsarbeit in Afrika mehr zu würdigen und sie nicht ständig in einer bösen historischen Sicht zu verunglimpfen. Er selbst sei eine Frucht dieser Missionsarbeit und empfinde großen Dank für die Leistungen der christlichen Missionare.

Christliche Missionare suchen nicht mehr die Kontinente nach ungetauften Seelen ab, um sie dem Höllenfeuer zu entreißen. Das war einmal und geschah in wahrhaftiger Sorge und unter ungezählten eigenen Opfern. Durch die Beschlüsse von Vatikan II hat sich die Perspektive radikal verändert. Man vergleiche zwei Textstellen, zwischen denen 500 Jahre Kirchengeschichte liegen: In einer Bulle von 1442 vom Konzil von Florenz liest man über die Zwangsmissionierung und Verdammnis der Seelen: **„Alle, die sich außerhalb der katholischen Kirche befinden – Heiden, Juden, Schismatiker, Häretiker – können des ewigen Lebens nicht teilhaftig werden, sondern auf sie wartet das ewige Feuer, das dem Teufel und seinen Engeln bereitet ist“** (Quelle: Denzinger). Noch einmal: Das war 1442! Nun aber, aus der Konstitution „Gaudium et spes“, Art. 22, vom Zweiten Vatikanischen Konzil, das 1965 endete, hören wir andere Verheißungen: **„Nicht nur die an Christus Glaubenden, sondern alle Menschen guten Willens sehen der Auferstehung entgegen“.**

Heute hat die **MISSION** andere Ziele. Vor allem anderen der sprachlich ausgewogene Versuch, die Menschen ganz zu überzeugen, dass sie leidenschaftlich und bedingungslos von einem persönlichen Gott geliebt werden. Und die Ermunterung zur engagierten Teilnahme an der Humanisierung und Spiritualisierung unserer Welt, wobei das Einzigartige des Evangeliums nicht nivelliert, auch nicht nur anspruchsvoll gelehrt und diskutiert wird, sondern praktisch sinnvoll aufgezeigt und vorgelebt werden muss. Vor allem in der Freude! Zum weltbekannten Nietzsche-Zitat **„Erlöster müssten sie mir aussehen, die Christen“** setze ich gern ein Wort von Papst

Benedikt XVI.: **„Der missionarische Geist der Kirche ist nichts anderes als der Drang, die Freude mitzuteilen, die uns geschenkt wurde".**

MISSION HEUTE – MISSION ANDERS – denn der Missionsgeist lebt als Auftrag unvermindert fort und soll modernste Stilmittel dafür nützen. Viel christliche Jugend ist bereits im Internet unterwegs, das ist begrüßenswert. Sie macht sich selbständig – missionarisch! Nur zu!... Und es ist ja das „ungefährliche Apostolat" im Vergleich zum Schicksal ungezählter Christen weltweit. In meinem Ägypten bekam ein koptischer Geistlicher fünf Jahre Gefängnis, weil er zwei junge Menschen, die zum Christentum übergetreten waren, getraut hat. Wie viele Geistliche in chinesischen Gefängnissen sitzen, wissen wir nicht, es sind viele. Im Irak werden Christen nicht nur bedroht, es gibt Meldungen von „Christenfolter" und „Christenvergewaltigungen".

In Europa wurde die Plattform „Solidarität mit den verfolgten Christen" gegründet, wozu der Präsident von PRO ORIENTE 2008 sagte: **„Wir erleben jetzt die größte Christenverfolgung aller Zeiten".** Man schätzt, derzeit sind es 250 Millionen Christen. Sollte Europa sich wirklich aus dem Christentum zurückziehen, von welchem Gott und welchem Christusbild meint es dann, sich zu verabschieden? Neuevangelisierung Europas ist Neuoffenbarung der Christusgestalt, die uns allen den Weg in die Zukunft weist, nicht nur zu Gott, sondern auch zueinander und zu uns selbst. Andernfalls ließe sich kein Sinn erkennen, weder für unsere menschliche Existenz, noch für die ganze Rede von Gott.

Dass Christus uns auch zu uns selber führen will, wird von den Verkündern viel zu schwach beleuchtet und oftmals gar nicht. Einem Menschen, dem in einer inneren Wahrnehmung

„ein Licht aufgegangen ist" über die geheimnisvolle Person Jesus Christus, dem wird auch sein eigenes Mysterium immer klarer werden und er kann sich einfinden und einordnen ins Ganze. Denn bald wird ihm die weitere Offenbarung zuteil werden, dass Gott, die Welt, die Menschheit und er selbst als Einzelwesen ein Ganzes bilden. Das Mysterium des Seins ist ein einziges Mysterium und kann vom Menschen als solches erkannt werden! In diesem Punkt sind wir mit allem asiatischen Glaubenswissen vollkommen einig. Dieses Erkennen, diese Endstufe auf dem Erfahrungsweg ist auch für uns Christen die wichtigste. Weil alles in Bewegung ist, erwächst dem Suchenden eine Erkenntnis aus der anderen – bis sich ihm alles zum EINEN fügt.

Vielleicht, so hoffe ich, bringt unser steigendes Bewusstsein auch eine gewandelte Kirche hervor und einen voll erleuchteten Glauben. Das wäre Europa zu wünschen! Ein geistig starkes Europa, das glaubt! Ich halte die Zeit für gekommen, den christlichen Glauben ganz neu zu verstehen, existentiell und im Licht der höheren Vernunft, was für mich Liebesvernunft bedeutet.

Noch gärt und brodelt es an allen Ecken und Enden und die allgemeine Dialogbereitschaft schwächelt dahin. Fehlschlüsse, Verkrampfungen und Egozentrik schaden dem Wachstum Europas. Doch ist alles Negative nicht von Dauer. Die Kirche treibt nicht ins Abseits, ganz gewiss nicht, nur wird auch sie sich verändern, weil sie es muss. Jemand sagte mir kürzlich: **„Die Kirche geht niemals unter, dafür ist ihre Botschaft viel zu schön!"** Mir gefiel das. Sehen Sie, so einfach sollten Christen reagieren – ohne rot zu werden.

Meine Betrübnis hält sich in Grenzen, denn ich weiß, die Substanz des Christentums bläst in Europa keiner vom Tisch, sie ist assimiliert und kann nicht mehr verloren gehen. Sie arbeitet im Inneren, sie ist der SAUERTEIG, um sich im geistig offenen, großzügigen und sozial engagierten Europäer Tag um Tag mehr zu bewähren. Nach meinen Beobachtungen reagiert Europa in vielen Streitfragen tief christlich, ohne dabei den Rosenkranz zu halten und obwohl die Besucherzahlen in beiden Kirchen sinken. Die christlichen Prinzipien leben. Die ethischen Leitlinien der Sozialpolitik sind christlich motiviert.

Eine der vielen Hilfsorganisationen nennt sich BARMHERZIGKEIT INTERNATIONAL. Na bitte! Und es gibt die SOS-Kinderdörfer. Zuerst kommen die Ideen und Gründungen solcher humanitärer Hilfswerke, dann die oft berührend vielen freiwillig engagierten Arbeiter und schließlich kommen die Spenden aus dem Volk in zwei- bis dreistelliger Millionenhöhe. Ich sehe hier nicht nur das Kommen eines SPIRITUELLEN HUMANISMUS – er ist schon da!

Noch ein Wort zur **Europäischen Verfassung**. Wenn ich von der christlichen Seele Europas spreche, dann weiß ich, dass viele weghören, zumindest zwingen sie sich, oder sie gebärden sich als sei ihnen das Thema peinlich. Aber diese Seele ist doch da! Sie ist nicht Ideologie, sondern Faktum. So freut es mich, wenn ich in europäischen Buchhandlungen erfahre, wie gründlich sich Gegenwartsautoren und zeitgenössische Philosophen mit der CHRISTLICHEN ETHIK in der modernen Gesellschaft befassen. Aber zu einer Verankerung des christlichen Erbes in der Verfassung rate ich nicht. Wir wissen es, das soll uns genügen. Besonders zum gegenwärtigen Zeitpunkt ließe sich die demonstrative Erwähnung nicht mit allen Turbulenzen des sich erst langsam erkennenden neuen Europas vereinbaren. Allein die multireligiöse Entwicklung! Lange sei es nicht her, sagt man mir, als man vom „katholischen Österreich“ sprach. Heute weist das Land schon 14 verschiedene Religionsgemeinschaften auf.

Dass das geistig erwachte und autonome Europa mit seiner alten Kirche ständig aneinander gerät, dieses Bühnenstück wird aber schon seit fünf Jahrhunderten gespielt! Neu ist dabei nichts. Nur blendet das Spektakel immer mehr die Tatsache aus, dass sie es war, die Kirche, die dem Kontinent den besten Geist und alle guten Seelenkräfte zuströmen ließ, auch wenn das inzwischen unterschiedlich bewertet wird. Gott sei Dank leben die Europäer mit ihrer Kirche in Konflikt, denn so nimmt man sie wahr und als ein starkes Gegenüber ernst. Tumult und Geschrei ihrer Gegner wird bis ans Ende der Zeiten ohnehin nie verstummen. Warum, so frage ich Sie, einen „christlichen Paragraphen“ oder eine Erwähnung des christlichen Erbes im Vorwort der Verfassung erzwingen? Warum gerade jetzt, wo Europa nicht nur mit der gegenwärtigen Kirche seine Probleme hat, sondern vor allem mit sich selbst und mit einer sich atemlos beschleunigenden und sich ständig verändernden Gesellschaft?

Liebe Freunde, selbst wenn ein lauer Nur-noch-Taufschein-Christ oder ein laut tönender Skeptiker nichts mehr von Gott und Kirche wissen will, seine christliche Seele verliert er nicht, auch dann nicht, wenn er amtlich die Kirche verlässt. Aber welchem Namen gibt man dann seiner Seele? Es ist die Seele dieses SPIRITUELLEN HUMANISMUS. Die Bezeichnung wird dem Geist gerecht, der inspiriert. Nehmen Sie das als einen Appell, der sich an alle richtet, die hier versammelt sind, aber auch an die Abwesenden! Bitte sorgen Sie dafür, dass diese Botschaft auch sie erreicht. Wir praktizierenden Christen praktizieren STELLVERTRETEND immer auch für die Abwesenden. Vermutlich hat das russisch-orthodoxe Christentum sieben Jahrzehnte Kommunismus und materialistischen Atheismus auf diese stille Weise überleben können. Nicht die leidgeprüfte russische Kirche musste scheitern, sondern das gewaltige und gewalttätige Sowjetreich.

Das Absolute im Menschen ist endlich erkannt und verstehbar geworden und damit ist seine unantastbare Würde ins Licht gestellt. Voll spirituell wird ein Humanismus dann sein, wenn er sich zur Transzendenz hin öffnet, welches in Vorstufen auch schon unbewusst geschieht. Verwechseln wir ihn also nicht mit einem humanistischen Liberalismus! In diesen beiden Wörtern – SPIRITUELLER HUMANISMUS – haben Sie das Entscheidende einer engagierten christlichen Seele bestimmt. Es geht immer um den GEISTIGEN AUFTRAG. Es geht um die BERGPREDIGT. Es geht um die STILLE WELTMISSION. Heute eben unter diesem Gesicht.

WACHSENDES VERTRAUEN

Herr, zur Stunde Deiner Auferstehung
Wurde uns der Weg der Hoffnung freigelegt,
einer Hoffnung jenseits alles Bösen und der Nacht,
einer Hoffnung über der Hoffnung,
die man Zuversicht nennt.
Deine Auferstehung bleibt der unbesiegbare Garant
für unseren Glauben,
dass Veränderungen immer möglich sein werden:
in der Gesellschaft, in der Kirche, in uns selbst.
Und doch, wie sehr verlangen wir nach Deinem Geist
an unserer Seite
für unsere Ziele, die oft unerreichbar scheinen.
Doch wir zählen ganz auf Dich,
den Meister des Undenkbaren,
und rechnen überall mit Deiner Gegenwart.
Gemeinsam werden wir die neue Welt gestalten
Und diesen Ruf an Dich aus unseren Herzen dringen lassen:
DEIN REICH KOMME!

KAPITEL SIEBEN

UNSER HEIL IST SEIN ZIEL

„Man kann von einem so zerbrechlichen Standpunkt wie dem unsrigen aus gar nicht ermessen, wie weit es in Richtung des Vollkommenen noch geht"

(Peter Sloterdijk)

Liebe Freunde! Fragen Sie einen Zeitgenossen, der Ihnen auf der Straße begegnet, was ihm das Wort **„Heil"** bedeutet. Er wird wortlos weitergehen, denn es fällt ihm gar nichts ein. Im Februar 2007 wurde ich als Referent zu einem Kolloquium nach Paris gebeten und hörte mir dort gern die Reden anderer an. Eine begann so: **„Wovon erlöst mich Gott? Muss ich denn gerettet werden? Warum überhaupt?"** Schon gehört, dachte ich ... Nietzsche schrieb seinen „Antichrist" bereits vor 120 Jahren und fragte darin: **„Was liegt uns noch am Heil der Seele?"**

Schossen mir jetzt theologische und berühmte christologische Sentenzen durch den Kopf? Keineswegs. Ich wurde nur zum fünfhundertsten Mal bestätigt, dass es mit unserer weltfremd gewordenen und daher kaum noch verständlichen Verkündigungssprache vorbei ist. Wenn selbst diese Zentralbegriffe wie „Heil" und „Erlösung" nicht mehr greifen, dann ist der ganze Rest – insbesondere für die jüngere Generation – unbekanntes Vokabular und steht im schneidenden Missverhältnis zur Mentalität und Problemstellung heutigen Lebens. Wenn aber die Sprache das Leben versäumt, dann trifft sie den Nerv nicht.

Seit wie vielen Jahren hören Sie diesen Alarmruf aus meinem Herzen bei Vorträgen, Interviews und Seminaren? Wie oft sage ich es: Um den christlichen Glauben fruchtbringend im Gespräch zu halten und ihn auch im weiteren Umfeld zu vermitteln, müssen untauglich gewordene Wörter und Begriffe ausgewechselt und die kostbaren Inhalte zeitgemäß erklärt werden, sonst interessiert kurz über lang gar nichts mehr. Dabei denke ich keineswegs an eine raffinierte Stilreform zur freundlichen Anpassung, ich fordere grundsätzliche Maßnahmen, damit eine christliche Lehrstunde und selbst eine kurze Sonntagspredigt überhaupt noch angehört werden will. Sich dem Zeitgeist anbiedern ist etwas anderes als sich mit dem gegenwärtigen Zeitempfinden in den Lebenskontext der Menschen einzufühlen. Der heutige Mensch ist kein gestriger und vorgestriger, auch wenn das vielfach von betagten Kirchenfunktionären angenommen wird.

„Auferstehung" – was ist das? Wird nicht auch dieser Begriff zunehmend unverständlicher? Und: **„Erlösung wovon?"** wie es in Paris gefragt wurde? Dabei geht es hier um ein unverzichtbares, um ein heiliges Wort! Vermutlich ist es so tief eingesunken in die ständige Handhabung biblischer Tradition, dass es nur noch schwer erkennbar ist. Selbst für viele Geistliche ..., ich kenne ihre Klagen. Ein Weihbischof fragte mich bei einem Mittagessen unvermittelt: **„Pater Boulad, wer oder was ist Gott?"**

Wer schafft Abhilfe? Wer übersetzt uns brauchbar die wichtigsten Begriffe, die zum Heil führen? Und noch einmal: ich spreche nicht von einer neuen Übersetzung, denn in linguistischer Hinsicht besitzen wir sprachwissenschaftliche Bibeltexte zur Genüge. Ich will viel mehr, ich plädiere für eine sprachliche und theologische Neuorientierung und Neuformulierung der Textinhalte, um sie in unsere vollkommen veränderte Welt einbringen zu können.

Mein persönliches Schlüsselwort heißt seit Jahr und Tag **EXISTENZRELIGION**, auf sie lege ich den Akzent, und dabei auf **eine existentielle Sprache**. Auch beim Predigen versuche ich, im vollen Leben der Menschen zu beginnen und auch dort wieder zu enden, und das wäre gewiss auch die dringend notwendige Methode für Europas Gottesdienste. Denn sie reicht weit, sehr weit, sie erreicht auch Nichtchristen und Nicht-mehr-Christen, falls ihr Interesse noch nicht erloschen ist, sie erreicht neugierige Atheisten, und neugierige Esoteriker. Und sicher auch einige Muslime aus der anwachsenden Zahl auf diesem Kontinent. Denn zunächst geht es doch um den Gottesglauben an sich – siehe die Grundfrage des Weihbischofs. Es geht um Existenz- und Lebensfragen und um die Seele des Menschen. Deshalb sollte kein abstraktes Gedankengeflecht verwendet werden, wenn auch korrekt formuliert und angenehm für manches Ohr, sondern eine noch heiße Lebenserfahrung muss dahinter spürbar werden. Dann ist das gesagte nachvollziehbar, die Bezüge sind existentiell.

Das zu meiner persönlichen Praxis im Tagesumgang. Die offizielle Kirche aber verwendet zu meinem Bedauern noch immer den Wortschatz der Kirchenväter und Scholastiker. Wer übersetzt den Laienchristen diese Gedankengänge in moderner Weise, sodass sie vom Leben heute angenommen werden und Wurzeln schlagen können? Immer neue Wurzeln und immer mehr! Wurzeln sind Lebensspender. Wer übersetzt sie so, dass sie auch von weniger gebildeten Glaubenswilligen zur Gänze verstanden werden? Die Wahrheit des Evangeliums muss in die persönliche Lebenswahrheit umgesetzt und eingebettet werden. Und ein Einzelaspekt des christlichen Mysteriums muss das gesamte Mysterium spiegeln, um ALLES zu erkennen und vom Ziel zu wissen – vom Heil.

Die alten Fragen WER BIN ICH? WOHER KOMME ICH? WOHIN GEHE ICH? sind Fragen nach dem Heil, es sind die letzten Existenzfragen überhaupt. In unserer überdrehten Konsumwelt bleiben sie ausgeblendet und, wenn zaghaft nach ihnen geforscht wird, unbeantwortet. Die Wahrheit der heiligmachenden Gnade als göttliche Zusage ist dem Menschen fremd geworden. Wenn aber christliche Verkündigung und religiöse Praxis nicht die eigene Existenz klären und gestalten helfen, wenn der Glaube nicht das Dasein verstehen lässt, wozu dient er dann?

Seit Schöpfungsbeginn ist der Mensch das „Projekt" oder das „Programm" Gottes. Und dieses Ziel ist aus dem Evolutionsprozess ablesbar. Die Evolution hat ein sehr bestimmtes Ziel und sie unterliegt dieser Zweckbestimmung. Heute nennt man es das anthropische Prinzip. Die moderne Wissenschaft hilft uns, diese Dinge zu verstehen, längst kam sie einer „programmierten Schöpfung" auf die Spur, die seit Anbeginn den geistigen Menschen heranbildet – Sie, mich und alle Ihre lieben Nächsten! Bei keiner Gabelung ihres langen Weges hat sie sich ablenken lassen, um sich immer wieder für das entwicklungsfähige Leben zu entscheiden. Wahlmöglichkeiten gab es für sie in der Millionenzahl, doch nur EIN Weg interessierte sie, der Weg zum intelligenten Leben und zum geistbegabten Menschen.

Diese Teleologie (Zielorientiertheit) wurde dem evolutionären Prozess vom Heiligen Geist ins pochende Herz gepflanzt. Und sie wurde in erstaunlicher Weise zu gänzlich vorwissenschaftlichen Zeiten von unseren inspirierten Bibelautoren erspürt. Sie erkannten es, das unbewusste Streben paart sich mit einer geheimnisvollen inneren Lenkung. Mit Überlegungen dieser Art haben wir Gläubigen bei entsprechenden Anfragen eine zeitgemäße, gut fassliche Worterklärung des Heilsbegriffes – das Heil der Menschen als Schöpfungsziel. Unser Heil ist das Ziel. Aus der wissenschaftlichen Perspektive erleben wir auch wie ungeheuer dynamisch das Leben ist und dass es im Grunde nur unterschiedliche Energieformen gibt, nicht einmal die Materie ist statisch. Alles fließt. Es laufen fortwährend Prozesse ab, die bestimmte Ziele verfolgen und demnach auch zweckgerichtet sind.

Lehren wir aber vor allem die Menschen was GNADE ist! **„Wenn du die Gabe Gottes kennen würdest!"** ließ Jesus die Samariterin am Jakobsbrunnen hören. Gnaden und Gottesgaben sind heilsverwandte Wörter, große Wörter, die wir in Verbindung setzen müssen zu unserer Freiheit. Manche stellen sich vor, die Gnade träfe uns als ein besonderer Lichtstrahl von oben, aus einer Wolke, die sich zärtlich herabsenkt und uns umhüllt… Dieses **„von oben"** gibt es nicht. Dort oben finden Astronauten ganz andere Dinge, aber sicher kein Gnadendepot. Wir müssen endlich alle Vorstellungen, die Ferne und Getrenntheit suggerieren, aufgeben und mit **„inwendig in uns"** ersetzen. Dort ist der Ort der Gnade.

Gnade lebt und wirkt im Innersten der Natur, der biologischen wie der geistigen Natur. Die Natur selbst ist Gnade, es gibt keinen Gegensatz zwischen Natur und Gnade, denn ER ist es, GOTT. Gnade ist Gottesleben und dieses bewohnt uns Gotteskinder seit unserer Empfängnis, es durchfließt uns und alles Leben dieser Erde. Wir ahnen es, denn wir sprechen intuitiv vom **„Gnadenstrom".** Wir ahnen das Lebensspendende, Gnade strömt uns im Blut, sie belebt unser Gemüt, sie befähigt unseren Intellekt. Gnade ist immer anwesend und gibt unseren Intuitionen ihre besondere Dynamik.

Je intensiver der Mensch sein Wirken und Denken im Dasein entfaltet, umso stärker ist die Gnade geheimnisvoll dabei. Je leidenschaftlicher sich der Mensch für etwas oder für jemanden engagiert, umso mehr engagiert sich Gott mit ihm. Und je freier sich ein Mensch im Geist bewegt und Gutes schaffen möchte, umso aktiver kann die Gnade sich beteiligen. Mehr Offenheit und Freiheit – mehr Gnade. Beide sind ein wunderbares Paar!

Im jetzigen Stand unseres Bewusstseins kann das Leben nicht mehr aus den altehrwürdigen Dogmensätzen erklärt werden, sondern direkt von Gott her, der von sich sagte, er sei der Lebendige. Nur so können die Herzen der Menschen berührt und ihnen der Lebenssinn erschlossen werden. Und, worauf ich Wert lege: auch intellektuell im Doppelklang von GLAUBE und VERNUNFT. Denn der Glaube allein ist nicht das Ziel, er ist ein Mittel. Geistliche dürfen keine Propagandisten einer Doktrin sein, die sie als Ideologie überall hintragen. Sie müssen sich hingegen fragen: welche Glaubensmittel würde Jesus heute einsetzen? Welche Gleichnisse würde er für unsere Gesellschaft erfinden? Welche Vergleiche und Bezüge zur Weltsituation in diesem ersten Jahrzehnt des Dritten Jahrtausends würde er aufzeigen, um uns dasselbe, das ewig Gültige, noch einmal verkündigen zu können? Diesen Fragen muss sich der heutige Prediger – hoffentlich gegenwartskundlich bestens informiert – unbedingt stellen, bevor er ans Mikrofon tritt.

Wie oft aber bleibt der Schauplatz einer Predigt das Heilige Land vor zweitausend Jahren! Ja, glauben Sie denn, das sei im Sinne Jesu? Die treuen Lesungen vom Ambo sollten zur Einstimmung und Rückbesinnung auf die Quellen vollauf genügen, um dann vom Prediger radikal ins Heute umgesetzt zu werden. In ausgetauschtes Blut! Am besten in sein eigenes, indem er etwas frisch Erlebtes schildert und in Verbindung setzt zum liturgischen Text dieses Tages. Wem der Anwesenden wäre eine „geistliche Behandlung“ dieser oder jener Weltnachricht nicht willkommen? Das Geschehen jetzt ins Licht des Evangeliums gestellt oder in Beziehung zu einer Briefpassage des Paulus? Das ist reizvoll für den Sprecher und spannend für den Hörer.

Der engagierte westeuropäische Geistliche mag seine Hörer auch zuweilen einladen, mit ihm einen theologischen Blick auf die orientalische Ostkirche zu werfen, um den Heilsbegriff einmal von dorther zu bestimmen. Das bereichert, vertieft und erhebt zugleich den Glauben. Ich meine die THEOSIS. Die Kirche des Westens wurde derart massiv durch Augustinus und seine düstere Lehre von der Erbsünde geprägt, dass sie letztendlich eine mehr oder weniger negative Sicht vom Menschen entwickelt und verbreitet hat. Von seiner Mutter Monica, einer glühenden Christin, gibt es schriftliche Äußerungen an den Sohn Augustinus wie diese: **„Ich darf dich sehen als Gottes Knecht, der alles Erdenglück verachtet.“** Mein inneres Ohr lenkt mich sofort zu Johannes, der Jesu Worte himmlischen Lichtes und menschlicher Freude wiedergibt: **„Ich bin gekommen, dass sie das Leben haben und es in Fülle haben“** (10, 10).

Leider hat der Augustinische Pessimismus, den Menschen betreffend, insbesondere Europa heimgesucht, seine Wurzeln sind also theologischer und metaphysischer Natur. Ausgehend vom verdorbenen Sinnenmenschen und einer gefallenen Menschheit, hat man im Westen eine Theologie der Erlösung verkündet, die kaum noch jemanden interessiert. Gehen wir aber zu den Anfängen zurück, dann laufen wir den weit freundlicheren Kirchenvätern des Orients in die Arme, die einen viel positiveren Zugang zu Mensch und Welt besaßen. Für viele unter ihnen hatte die Inkarnation Gottes nicht das betonte Ziel der Befreiung des Menschen aus seiner Erbsünde. Vor allem wollte der Menschensohn und Gottessohn einen Verwirklichungsprozess für alle Menschen einleiten bis hin zu ihrer Vergöttlichung, genannt „Theosis". Jesus kam, um ihnen zu helfen, sich in Gott zu erkennen und dort zu vollenden, das war sein strahlend heller Auftrag, seine ganze Bestimmung. So sieht es die Ostkirche, so meint es die Theosis.

Heil und Erlösung sind nahezu identische Begriffe und wohl die stärksten in ihrer Aussage und in ihrem Anspruch, doch wie vielen unter uns sind sie eingängig? Der weihnachtliche Liedtext, Christus sei unser Retter, erreicht schon lange nicht mehr alle, die ihn singen. Früher lief der Glaube wie von selbst und man ging einfach mit, heute ruft die Zeit nach starken Argumenten. Für die uralten theologischen Behauptungen gibt es inzwischen mehr ungläubige Ohren als uns das je eine Statistik getaufter Christen sagen könnte. Es würde uns erschrecken!

Doch wer sucht, macht sich Wege frei. Gehen wir zurück an die Quellen! Vertrauen wir dem begnadeten Paulus, der dem Retter einmal wahrhaft gegenüberstand und dem alles eingegeben wurde, um es bis an den Grund zu begreifen und als Völkerapostel in die Welt zu tragen. Wer wahrhaft sucht, wird vor allem die Paulusbriefe wieder und wieder lesen. In ihnen ist das Thema HEIL UND ERLÖSUNG ergreifend dargelegt. Haben wir Vertrauen zu diesem Genius! Nach seiner Blitzbekehrung vor Damaskus war für Paulus klar: Christus ist der neue Mensch. Adam war der vorläufige, ein Hinweis auf den zweiten, den endgültigen. Adam trug das Samenkorn der reifen Menschheit in sich. Alles ist schon da, doch alles muss sich noch in Raum und Zeit entfalten und zur Fülle gebracht werden. Wir alle sind Pilger. Und wie wir einst zur Vollkommenheit aufsteigen werden, das beschrieb Paulus in seinen strahlenden Briefpassagen und in der ihm eigenen

Eindringlichkeit an die ersten Christengemeinden. In Paulus lebte die Vision unserer Weltvollendung durch Christus.

Nach fast zweitausend Jahren beschrieb es ein anderer Visionär, sein Name ist Teilhard de Chardin: **„Die Fülle der Welt wird erst in der endgültigen Synthese zu Ende gebracht, in der ein höchstes Bewusstsein über der höchst organisierten totalen Komplexität erscheinen wird – und da er, Christus, das organische Prinzip dieser Harmonisation ist, wird das ganze Universum unvermeidlich von seinem Charakter geprägt, durch seine Entscheidung gezeichnet, durch seine Gestalt beseelt".** Dank sei diesem geistgeleiteten Evolutionsforscher, der mit seiner fulminanten Synthese „La Suite" der Wissenschaft als Wissenschaftler antworten konnte. Alle Bücher dieses französischen Jesuiten sind in deutscher Übersetzung zu haben, lassen Sie sich elektrisieren!

Alles liegt in ihm begründet, Christus. Er kam nicht nur als weiser Lehrer, als den ihn heute viele sehen wollen, sondern um sich zugleich als Haupt des großen Menschheitszuges durch die Geschichte zu betätigen, den er an sein Ziel führen muss. Warum er und nicht ein anderer? Weil nur er aufgrund seiner zwei Naturen – Menschensohn und Logos – die Menschheit von innen einen kann. Ohne die innere Einheit keine Vollendung. Christus ist von vornherein das Vollkommene schlechthin und deshalb sage sich jeder: Ich verwirkliche mein Menschentum, indem ich mich allein mit ihm vereine. Wer denkt hier nicht an den Sinn der eucharistischen Gaben, an diese Gnadenzuwendung in göttlicher Potenz? Aber auch in meinem kleinen Alltag soll ich danach streben zu werden wie er. Die Vollkommenwerdung als Gottesauftrag.

Christus zieht alles zu sich. **„Streben zu werden wie er"** kommt seinem Streben entgegen! „Streben zu werden wie er" heißt vor allem, sein Ego einschmelzen und vergessen anstatt es hundertfach zu nähren, denn für die Endetappe ist es ohnehin im Weg. **„Das Nadelöhr ist klein"** besagt ein Bildwort Jesu, und das Ego ist sperrig. Also üben wir beizeiten unseren Selbstverzicht, der Alltag bietet uns Gelegenheiten unentwegt. Nur ein sich öffnendes und hingebendes Wesen gedeiht zur Fülle, doch wie viele bleiben ohne jede Selbstwahrnehmung weit davon entfernt und drehen sich im Kreis immer um sich selbst, nur um sich…

Mein Urwort im Spirituellen ist **„le dépassement"**, auf deutsch **„die Selbstüberschreitung".** Diese notwendige Alltagshaltung kann sich in vielen kleinen Opfern äußern und zusammen ein großes Opfer bilden. Wer sich selbst vergisst, erbt die Fülle dieser wie der kommenden Welt. Dahinter stehen geistige Gesetze, die Jesus uns bestätigte, unermüdlich in vielen Bildreden wie im Johannesevangelium: **„Wenn das Weizenkorn nicht in die Erde fällt und stirbt, bleibt es allein, wenn es aber stirbt, bringt es reiche Frucht"**, oder die heftige Warnung vor Egozentrik und Egoismus: **„Wer an seinem Leben hängt, verliert es…"** Das sind Christusreden über das Ego. Das Gottesreich, zu dem auch wir gehören sollen, ist eben anders – **„mein Reich ist nicht von dieser Welt"** gab Jesus dem Pilatus zu verstehen, auch wenn er es nicht verstand. Immer wird es graduelle Unterschiede im Verstehen und Erleben geben, weil unser Lebenseinsatz sehr unterschiedlich geleistet wird.

Sprechen Sie mit Jugendlichen oder Kindern vom **„Himmelsglück"**? Dann nehmen Sie doch auch das leichte Bild der Tombola und sagen Sie: *„Für den Himmelseintritt gibt es keine Tombola mit Nieten, Nieten sind in diesem Spiel nicht vorgesehen, alle sind Gewinner. Doch will die himmlische Tombola so wie die irdische, die Ihr kennt, einen persönlichen Einsatz sehen, die*

Gewinnlose liegen nicht gratis am Weg. Welcher Einsatz ist der beste, werdet Ihr fragen. Mengen von persönlicher Nächstenliebe! Mit den anderen mitlieben und nicht mithassen! Das vor allem. Die Umwelt nicht immerzu auf sich beziehen, sondern umgekehrt, dem Nächsten etwas schenken, das man selber gern behielte, der Umwelt etwas von sich selber stiften.

Das alles sind – es gilt nur, es zu verstehen – Hingaben an Christus, wie sie die Seligpreisungen im fünften Kapitel des Matthäusevangeliums aneinander reihen. Dort gibt es Beispiele! Dort gewinnt das altmodische Wort „Lohn im Himmel" ein Gesicht. Welcher Lohn erwartet uns? Ein mitverdienter, denn entsprechend unserer Öffnung (Nächstenliebe) kann Christus später eingreifen und uns zu sich ziehen für den Aufbau der vereinten Menschheit in seinem Friedensreich. Das Gute, das Ihr gestiftet habt, „lohnte sich", nun fließt es durch Christus in Euer Herz zurück und Eure Erlebnisfähigkeit wird ins Unvorstellbare gesteigert. Das ist „Himmel", das ist „Lohn". Wer so mit Kindern spricht, wird verstanden.

Jetzt taucht im Hintergrund für mich die Feuertaufe auf. Christus war der erste, der sich taufen ließ. Aber nicht von der Wassertaufe am Jordan spreche ich, die selbst Johannes der Täufer nicht meinte, als er Jesus ans Ufer treten sah, sondern von seiner Radikaltaufe später in Jerusalem – seiner Passion –, die der Täufer visionär voraussah und uns Menschen gleich mit einbezog, weil er ihn als Gottes- und als Menschensohn erkannte: **„... er wird euch mit dem Heiligen Geist und mit Feuer taufen"** (Lk. 3, 16). Das wollte Jesus auch den beiden Jüngern später in seine Antwort legen, nachdem sie ihn urmenschlich stolz und eifersüchtig gefragt hatten, ob sie wohl im Himmel an seinen Seiten sitzen dürften (wieder das Ego!): **„Ihr wisst nicht, worum ihr bittet. Könnt ihr den Kelch trinken, den ich trinke, oder die Taufe auf euch neh-**

men, mit der ich getauft werde? (...) Und den Platz zu meiner Rechten und zu meiner Linken habe nicht ich zu vergeben" (Mk. 10, 38+39). So kündigte er seine Kreuzestaufe an, die allein ins Heil führt und die Tatsache, dass er uns auf diesem Todesweg vorangehen will. Eine größere Liebe kann nicht geleistet werden.

Jesus, das Samenkorn, das zu sterben bereit war, ist zum Integrationszentrum geworden, zum Verbindungspol aller Menschen für die innere Einheit, die geheimnisvoll im Werden ist. Zweifelnden lege ich dafür das Jesus-Versprechen ans Herz, **„und wenn ich über die Erde erhöht bin, werde ich alles an mich ziehen"** (Joh. 12, 32). Hier spiegelt sich seine wahre Taufe am Sterbekreuz – und auch unsere, wenn wir annähernd dazu bereit sind. Der Rest ist Gnade.

Das Universum lebt im Spannungsverhältnis der beiden Pole SCHWERKRAFT und GNADE. Das müssen wir bei der Betrachtung des Mysteriums von Christi Himmelfahrt bedenken. Die Schwerkraft zieht die Welt als eine physische und auch psychische Kraft nach unten, die Gnade löst und erlöst. Sie befreit uns geistig aus unserer menschlich bedingten Determinierung und Konditionierung. Die Gnade arbeitet im Gegengewicht zur Schwerkraft. In diesem Kontext weist das Phänomen der „Himmelfahrt Christi" durch seinen archetypischen Symbolgehalt eines „Aufstiegs" auf die Notwendigkeit für unser menschliches, persönliches Verhalten hin. Durch einen Richtungswandel, eine innere Bekehrung (Johannes der Täufer, der Rufer in der Wüste: **„Bekehrt euch, bekehrt euch...!"**) kann der Mensch schon jetzt seine letzte Bestimmung, die des höheren Menschen erlangen und sich **„im Himmel"** wissen.

Wer die Bibel einmal verstanden hat, dem wird sie die Seele durchstrahlen im Glanz ihres geistigen Reichtums. Wie aber wollen Sie sie Menschen heute nahe bringen, die als permanente Internetsurfer und Videospieler in virtuellen Welten mit einer fast konträren Sprachwelt leben? Deshalb mein nicht enden wollendes Fragen: Was hält die Kirche davon ab, die christliche Theologie neu zu formulieren? Wie lange will sie noch warten? Zugegeben, es wäre ein gigantisches Unternehmen, doch wie lebensnotwendig für den Glauben! Sollte die Kirche sich nicht eiligst dazu entschließen, dann lässt sich der Graben zwischen ihr und dem weltlichen Alltag der Menschen vielleicht nie mehr schließen. Damit hätte sie ihren Auftrag verfehlt.

Zumindest in Europa stockt mir bei meinen Beobachtungen und zahlreichen Gesprächen tatsächlich der Atem… Europa, das war einmal ein geschlossenes Ganzes, das war Christentum, katholisches, evangelisches, orthodoxes Christentum. Und heute bleibt bei allen Toleranzaktionen nach sämtlichen Richtungen die tiefste aller Fragen unbeantwortet: wo ist unter allen Wahrheiten die „wahre Wahrheit" zu finden? In Europa begegnen mir drei Haltungen, die aus dieser offenen Frage resultieren, es ist der AGNOSTIZISMUS, der RELATIVISMUS und der FUNDAMENTALISMUS.

Der AGNOSTIKER ist lebenslänglich, so meint er, überzeugt, niemals ein sicheres Glaubenswissen zu erlangen, denn kein Religionsangebot sei lupenrein verlässlich. Oder er kann es im großen Ensemble nicht finden. Die Agnostiker, so empfinde ich es, offenbaren Demut, ihre Fragen sind ernst. Agnostiker sind ohne Hass. Bewegend sind beispielsweise die wiederholten Meldungen über vier deutsche agnostische Künstler (Architekt, Maler, Bildhauer und Musiker), die zusammen in den italienischen Bergen eine außergewöhnliche Kirche bauen, inspiriert vom Stil des Le Corbusier. Möge mir niemand sagen, der heilige Geist zöge an den Agnostikern vorüber...

Die zweite Haltung, der RELATIVISMUS, wird von unserem Papst Benedikt aufs Korn genommen. Relativismus besagt, dass alles, was mir spirituelle Nahrung verschafft, gleich gut ist, aber von Beliebigkeit steht im Evangelium nichts. Man braut sich einen schmackhaften Mix aus Zutaten, die man nach eigenen Kriterien wählt. In Frankreich bekamen jene schon einen Namen: **„die wilden Heiligen"**. Heute verfahren viele Taufchristen unbekümmert nach dieser Methode, ohne dabei ihrem Kinderglauben abschwören zu wollen, nein, sie möchten nur nach Herzenslust von fremden Sachen naschen, um sich auf diese Weise „zu vervollständigen". Was könnte man ihnen entgegenhalten? Bei flüchtigem Hinsehen herzlich wenig. Aber der Papst hat keinen flüchtigen Blick, er warnt vor der **„Diktatur des Relativismus"** und seinen Folgen: Einebnung der christlichen Botschaft. Hier geht es um das absolut Unvergleichliche, **„hapax"** im Griechischen, das Einmalige, das Einzigartige.

Und drittens der FUNDAMENTALISMUS, der sich zusehends verfestigt. Auch er entwächst der Krise, nur von der anderen Seite her gesehen. Hier gilt das Motto: Festhalten an der liebgewordenen Vergangenheit mit allen bewährten Traditionen. Wurden sie nicht immer sorglos praktiziert und hoch geachtet? Weil man ihnen nun den Spiegel vorhält, in dem sie ihre Brüchigkeit und schwindende Kraft erkennen sollen und dazu mit offener Schelte nachhilft, erleben wir ihre Kampfbereitschaft. Der christliche Fundamentalismus ist aggressiv geworden, er will das Alte ohne Diskussion verteidigen. Meine lieben Freunde, eine Identität, die bereits beschädigt ist, kann niemand mehr auf Hochglanz bringen, sie muss sich dem Neuen, dem Anderen stellen.

Aber glauben Sie etwa, beim einflussreichen Adel Europas Gehör zu finden? Oder in den fanatischen Kreisen des neuen Kreationismus? Wohlgemerkt sprießt und blüht dieser überall, in der protestantischen wie in der katholischen Kirche, in unserer koptisch-orthodoxen Kirche Ägyptens und im Judentum. Indem sich die Kirche zu dem Schreckwort „Evolution" hinbewegte, intensivierte sie weltweit den Kreationismus. Und das sind zweifelhafte Pilzgerichte, wo immer sie gekocht werden, denn sie erschüttern das Mark der endlich gewonnenen Modernität und legen neue Steine des Anstoßes in den Weg aller mitdenkenden und glaubenwilligen Christen.

Der FUNDAMENTALISMUS bekämpft jede Regung von religiösem Pluralismus bis zur Ablehnung der von Papst Johannes Paul II lancierten interreligiösen Gebetstreffen. Er verwirft die kritische Bibelforschung, er will keine Trennung von Kirche und Staat, er protestiert pauschal gegen den Islam wie gegen den Buddhismus und das Judentum, weil er in allem, was nach Vatikan II zaghaft versucht wird, pures Teufelswerk erkennen will – „diabolos", den Durcheinanderwerfer – sogar in der Handkommunion! Nicht hinzu zähle ich hier die noch immer prächtigen Wallfahrtszüge zufriedener Volkskirchen, das Glück der Beteiligten sollte niemand stören. Konrad Adenauer nannte die großen Wallfahrtsorte Europas **„die heimlichen Hauptstädte der Christenheit"**. Im Großen gesehen gelangt aber die Kirche mit ihnen an eine kritische Kreuzung mit mehrfacher Gabelung. Welchen Weg soll sie einschlagen?

Soll sich die katholische Kirche dem Zeitgeist zuliebe auf alle Herausforderungen einlassen? Soll sie sich endlich zur Welt hin öffnen gemäß des Reformkonzils vor nahezu fünf Jahrzehnten? Oder soll sie das weit größere Risiko eingehen, sich in die Restauration zurückzuschrauben und das Problem der

Moderne unbeantwortet lassen? Damit die Dämonen nicht pfeifen und tanzen? Es gibt genügend Fundamentalisten und Traditionalisten, die das mit Gänsehaut befürchten.

Also wartet Rom ab. Aber die Stunde der geistigen Freiheit wird kommen, so leidenschaftlich gern ich diese echte Öffnung noch erleben möchte, so gut kann ich das Abwarten Roms nachvollziehen, insbesondere gegenüber den lauten und grellbunt gefächerten Forderungen vieler einzelner Ortskirchen, während Rom Weltkirche ist und sich um ein Milliardenvolk zu kümmern hat. Und es ist wirklich wahr, dass viel gutes katholisches Volk bei jeder Veränderung der Schwindel erfasst, es fürchtet Glaubensverlust durch neue Bilder, Worte und Gesten. Warum? Weil ihr Glaube nicht geistig genug ist, klammern sie sich an die Struktur. Das ist das Verhängnis!

Daher erwähne ich in fast allen meinen Vorträgen das tausendjährige, weise Wort von Anselm von Canterbury **„fides quaerens intellectum – der Glaube, der nach Verstehen verlangt“**, es ist die Pflicht des Nachdenkens über den Glauben, weil Glaube mit der Vernunft einswerden soll! Festklammern an der Struktur… was soll das bringen außer noch mehr Angst? Angst ungeachtet des Weckrufes des Evangeliums **„Habt keine Angst!“** Schon Jesaja predigte in Gottesworten: **„Fürchte dich nicht, ich habe dich erlöst, du bist mein“** (43, 1) So geht es bis in die Paulusbriefe, wieder und wieder schreibt er: **„Habt keine Angst!“** In seinem Pastoralbrief an Timotheus (II, 1, 7) schreibt er: **„Denn Gott gab uns nicht den Geist der Furchtsamkeit, vielmehr den der Kraft, der Liebe und Besonnenheit.“**

Gewiss, es stürzt heute eine angstmachende Sturmflut durch die katholische Kirche, nenne man sie progressiv, links, grün oder liberal, das ist ganz gleich. Aber unter diesen Feuerköpfen sind Mitdenker, Mitredner, Mitgestalter modernen kirchlichen Lebens, man muss nur die Tiefdenker aus den Flachdenkern ausfiltern, ihnen das Wort lassen, sich gut mit ihnen beraten, denn sie suchen in großem Ernst nach einer zukunftsfähigen christlichen Lebensweise. Der bewahrte Glaube will noch einmal neu verstanden werden, brauchbar für den persönlichen Alltag. Die schöne und stilvolle Zeremonie am Sonntag reicht ihnen nicht, sie wollen mehr, sie ringen mit vereinten Kräften um Neues, Rettendes. Rettendes und ich sage: **„Chapeau!"**

Und diesem Wegweiser würde ich an der Kreuzung nachgehen, denn er führt zu einem Ausblick mit neuen Möglichkeiten, die unbedingt ausgetestet werden müssen. Beides ist angesagt, beides zugleich: **die Rückbesinnung und die Neubesinnung. Darin sehe ich den Appell zur Neuevangelisierung Europas.** Die Christenheit muss aus den Schätzen ihres Erbes schöpfen, aber neu und anders mit ihnen umgehen lernen. Wenn Kirchliches und Weltliches nicht mehr Auseinanderklaffen wie bisher, dann garantiere ich einen neuen Glaubenszuwachs, der beide Seiten verblüffen wird. Getrennt aber bieten beide Welten einander nur Ärgernisse. Glaubenszuwachs bedeutet Mehrung inneren Wachstums und Anstieg einer ganzheitlichen Lebensqualität. Der Glaube hat hohe Ziele.

Zur beklagten Diskrepanz zwischen Kirchlichem und Weltlichem einerseits und zu den hohen Zielen des Glaubens andererseits will ich eine überraschende Freude mit Ihnen teilen, eine große Freude: Als Teilhardianer machte man mich auf eine Predigt von Papst Benedikt XVI. aufmerksam, die er am 24. Juli 2009 in der Kathedrale von Aosta gehalten hatte und die im italienischen Original zwei Tage später im OSSERVATORE ROMANO zu lesen war. Ich entnehme ihr einige Zeilen, die mich sehr bewegen: **„Funktion des**

Priestertum ist, die Welt zu weihen, damit die Welt eine lebendige Hostie wird, damit die Welt Liturgie wird: Die Liturgie soll nicht etwas sein, das neben der Wirklichkeit der Welt existiert, sondern die Welt selbst soll lebendige Hostie werden, sie soll Liturgie werden. Das ist die große Vision, die später auch Teilhard de Chardin hatte: dass es am Ende eine wahre kosmische Liturgie geben wird, wo der Kosmos lebendige Hostie wird."

Teilhard de Chardin starb 1955 im New Yorker Exil, aus Frankreich verbannt, unverstanden und kirchlich gemaßregelt, wir wissen es. Erst später konnten seine prophetischen Schriften – sehr zögerlich – veröffentlicht werden, wiederum unverstanden oder bekämpft von nicht wenigen. Nun scheint seine Zeit endlich zu kommen – und ich wusste es immer.

Vergessen wir das resignierende Reden vom Aus des Christentums! Raus aus diesem Irrtum! Zeigen wir Ernst und Courage und beweisen wir das Gegenteil, denn uns alle erwartet die beständige Lebens- und Liebesgemeinschaft bei Gott. Uns erwartet das Aufflammen unserer individuellen „irdischen Sternstunden" und das in einer Kraft hoch Ypsilon. Und mit jenen, die uns auf Erden wichtig waren, werden wir das neue Leben feiern! Die guten Dinge sind uns nicht weggestorben, sondern das Gegenteil wird sich zeigen, wir erleben sie mehrfach konzentriert und im erweiterten Bewusstsein. Das ist HIMMEL. Alles wurde für uns gespeichert, um es **„zur Zeit der Fülle"** wiederzuerlangen, neu zu erleben und endlich ganz zu besitzen. Das ist PARADIES.

„Wenn all das beginnt, dann richtet euch auf und erhebt eure Häupter, denn eure Erlösung ist nahe." (Lk. 21, 28). Wir müssen zwei Arten von AUFERSTEHUNG unterscheiden, jene des Lazarus und jene des Jesus von Nazareth. Die erste geschieht in der Bibel mehrfach, im Alten wie im Neuen Testament, es sind Wiederbelebungen, Geistheilungen oder ähnlich, der Körper kehrt ins Leben zurück. Es mögen Fälle von Koma oder Scheintod vorgelegen haben, die alte Existenz wird von der betreffenden Person wieder aufgenommen und unterliegt denselben Gesetzen wie zuvor. Aber jeder dieser „Auferweckten" wird früher oder später dem wahren Tod begegnen müssen, seine Rückkehr ins Leben hat provisorischen Charakter, sein Tod wurde nicht aufgehoben, sondern nur zurückgestellt. In diesem Fall ist Auferstehung kein Befreiungsakt, keine Todesüberwindung, sondern Aufschub.

Jesu Christi Auferstehung ist von einer ganz anderen Ordnung, sie bedeutet den Übergang der Person in einen anderen Zustand. Der Auferstehungsleib ist nicht vom Typus seines irdischen Leibes, demzufolge unterliegt seine Beziehung zur Welt anderen Gesetzen. Aber nur das ist Auferstehung. Jesus, der Menschensohn, wurde unangreifbar für den Tod, er stirbt kein zweites Mal, schreibt Paulus: **„Wir wissen ja, dass Christus nicht mehr stirbt, nachdem er einmal von den Toten auferweckt ist, der Tod hat keine Macht mehr über ihn."** (Röm. 6,9).

Zwischen diesen beiden Auferstehungsphänomenen liegt ein Abgrund, eine Welt. Und wenn Christus uns eine Auferstehung versprochen hat, dann seine! Seine! **„Ich glaube an die Auferstehung des Fleisches"**, sprechen wir im Credo, er ging uns in demselben Fleisch voraus und zieht uns nach. Wie der andere, der Auferstehungsleib, beschaffen sein wird, darüber grübelte schon Paulus: **„Wie werden die Toten auferweckt? Mit was für einem Leib werden sie kommen?"** (I Kor. 15, 35) Und er antwortete mit einem Vergleich aus der biologischen Natur: Es gibt Kontinuität und Diskontinuität, Fortbestand und Bruch. Ein klärendes Wort über die Beständigkeit des Lebens, doch mit Unterbrechungen, Abstürzen, großen Veränderungen. Aber, so Paulus weiter, bei unserem jetzigen und dem späteren Leib wird beides zugleich bestehen: **„Ähnlichkeit und Unähnlichkeit."** Interessant! … Ähnlichkeit und Unähnlichkeit zwischen dem was wir sind und dem was wir sein werden.

Paulus spricht auch von der Samenkapsel, die sich – zuvor in dunkler Erde eingegraben – in anderer Gestalt emporschwingt. **„Was du säst, ist nicht der Körper, der entstehen soll, vielmehr ein einfaches Korn (…) Gott aber gibt ihm eine Form, so wie er will, jedem Samenkorn seine Form."** (I Kor. 15, 37-38). Der Baum ist die Frucht des Samens, der nicht mehr zu erkennen ist, hart war er und von dunkler Farbe, zwischen zwei Fingerkuppen hatte er Platz, jetzt ist er zu einem überwältigend schönen Produkt der Natur geworden, das in vielen Farben leuchtet und seine Arme streben zur Sonne. Symbol der Lebensfreude. Was war geschehen? Der Tod war dazwischen getreten, und doch handelt es sich bei beiden Gestalten, dem Samen und dem Baum, um dieselbe Wirklichkeit. Auch die unscheinbare Raupe erlebt die große Metamorphose bis sie plötzlich fliegt und fliegt und fliegt. Oder als zarter Falter auf Blütenkelchen schaukelt. Beide sind dasselbe Wesen! Metamorphose bedeutet Gestaltwandel, er betrifft nur das Erscheinungsbild.

Uns Menschen ist nichts anderes bestimmt, wir durchlaufen mehrere Stadien der Verwandlung und behalten doch immer unseren Wesenskern mit unversehrter Identität. Embryo, Fötus, Neugeborenes, Kleinkind, Jugendlicher, Erwachsener, Greis – der EINE Mensch! Auch nach der letzten Verwandlung durch den Tod sind wir beides, das alte und das neue Menschenwesen. Kontinuität und Diskontinuität.

Jetzt wird man nach dem Grund des Ganzen fragen, nach der Sinnhaftigkeit dieser Prozesse. Wie ich es sehe: damit der Schöpfungsplan aufgeht und das Projekt „Mensch" gelingt. Denn erst nach der Auferstehung, der echten, wird das menschliche Wesen zu dem werden, wozu es erdacht wurde und es wird endlich seine eigene Wirklichkeit verstehen und seine Wahrheit leben können, tief und rein.

Unsere gegenwärtige Gestalt schränkt uns ein, deshalb sind wir nur zur teilweisen Selbstverwirklichung imstande. Oft schmerzt uns die geringe Kapazität unseres Körpers in Relation zu unseren Anlagen, Talenten, Vorlieben oder edlen Absichten. In jedem von uns schlummert eine Riesenwelt, die aufspringen, leuchten und sich voll entfalten möchte, aber wir bleiben doch zurückgeworfen auf uns selbst. Bis zur oft nicht leichten Todesstunde, dem Zahlschein für die wichtigste aller Veränderungen. Ein Umbruch, eine Mutation.

Mit aller Notwendigkeit geht es um das Abstreifen des physischen Menschen, um sich mit dem himmlischen Menschen, dem geistigen, zu bekleiden, erklärt Paulus den Ephesern, gemeint ist die Vorbereitung auf den Auferstehungsleib: **„Erneuert euern Geist und Sinn! Zieht den neuen Menschen an, der nach dem Bilde Gottes geschaffen ist in wahrer Gerechtigkeit und Heiligkeit."** (Eph. 4, 23-24)

Und den Korinthern erklärt er: **„Wie wir nach dem Bild des Irdischen gestaltet wurden, so werden wir auch nach dem Bild des Himmlischen gestaltet werden. Damit will ich sagen, Brüder: Fleisch und Blut können das Reich Gottes nicht erben, das Vergängliche erbt nicht das Unvergängliche. (...) Seht ich enthülle euch ein Geheimnis: (...) wir werden alle verwandelt werden (...), die Toten werden zur Unvergänglichkeit erweckt, denn dieses Vergängliche muss sich mit**

Unvergänglichkeit bekleiden und dieses Sterbliche mit Unsterblichkeit. Dann erfüllt sich das Wort der Schrift: Verschlungen ist der Tod im Sieg.“ (I Kor. 15, 49-54)

Dennoch treffen wir noch nicht am endgültigen Ziel ein. Der Vollkommenheitscharakter unseres Auferstehungsleibes ist auch dann nur latent vorhanden, bis die ganze Welt sich vollendet. **„Es ist noch nicht offenbar, was wir einst sein werden. Wir wissen aber, wenn ER erscheint, werden wir ihm gleich sein, weil wir ihn schauen wie er ist.“** (I Joh. 3, 25)

In dieser Sichtweise kann der Tod nur als Gewinn gesehen werden. Daher wohl auch die Todessehnsucht besonders sensibler Menschen wie des hl. Paulus, es ist ein Nicht-Erwartenkönnen dieser endgültigen Erfahrung, er hatte das Verlangen, sich aufzulösen, um mit Christus zu sein: **„denn für mich ist das Leben Christus, das Sterben Gewinn“** (Phil. 1, 21). So auch die glühende Zuversicht der kleine Therese im Angesicht des Todes, den sie als **„Leben“** auf sich zukommen sah. Dieses Wissen, diese Gnade, arbeitete so tief in ihr, dass sie jenen, die sie liebte, den Tod wünschte. Ich denke auch an den unverzagten Dietrich Bonhoeffer, der den nahen Tod als **„großes Fest auf dem Wege in die Freiheit“** nannte.

Faktum ist, dass der Tod für den, der glaubt, kein Schreckensgeist und keine Tragödie ist, weil dieser keine Wahrheit in sich trägt, keine letzte Wirklichkeit. Es existiert nur das Leben. Was wir das Sterben nennen ist eine Fortbewegung in die neue Lebensform hinein. Unsere Grenzen lösen sich allmählich und wir erleben uns in unendlich weiten und hellen Räumen wo wir teilnehmen an der überbordend neuen Lebensfülle. Wie oft frage ich mich, WARUM diese uns verkündete Zukunftsvision nicht sicht- und spürbar gelebt wird von jenen, die sich Gläubige nennen. Warum?

Eigentlich sollten unsere Begräbnisfeiern Feste sein, bei denen nur die Farbe Weiß getragen wird. Unsere Gesichter sollten gelösten Frieden spiegeln und die Herzen freudige Zuversicht. Der Tod eines Menschen ist seine wahre Geburt, sie führt ihn zur realen Dimension seines eigenen Wesens. Jetzt wird er er selbst sein! Sein Leben zuvor war Entwurf und Vorbereitung, sein Porträt wurde angedeutet wie eine Skizze. Niemand weiß welches unser „fertiges“ Gesicht sein wird, die Ewigkeit mit allen Inhalten übersteigt unser Vorstellungsmaß. Vielleicht werden wir einst so weit entfernt von unserer jetzigen Gestalt sein wie die üppige Palme vom Dattelkern? Wer weiß es? Doch wird das unsere wahre Gestalt sein und unser wirkliches Gesicht, das versteckt in uns lag und davon träumte, sich zu offenbaren.

Insofern wäre das Wort „Tod“ mit „Glück“ zu übersetzen. Der Mensch mit seinem eingeborenen Selbsterhaltungstrieb bedarf der radikalen Umkehr in diese Richtung, damit er mit Franz von Assisi vom **„Bruder Tod“** sprechen kann, dieser Heilige verfügte über den neuen Blick, den glücklichen Blick, den authentischen. Davor liegt ein scharfer Bruch mit bisherigen Bindungen vieler Art, mit Konventionen und falschen Pflichten. Wir müssen frei werden und unsere gesellschaftlichen Komödien an den Nagel hängen. Aus! **„Mensch, werde wesentlich!“** mahnte Angelus Silesius.

Gäbe es im Jenseits große Spiegel zum Betrachten, oh, wie sehr würden wir durchatmen: **„Ja, DAS bin ich wirklich!“** Und wenn ich dann die anderen wiedersehe, werde ich mich fragen: Wie kann das möglich sein? Warum habe ich die Schönheit dieser Person nicht erkannt, so viel Reichtum hätte meinen Respekt verdient gehabt, doch ich fand ihn nicht, ich wusste nichts davon. In allen Menschen verbergen sich Werte, verschleierte Werte, weshalb Jesus mahnte: **„Richtet nicht!“** Dann aber wird alles stimmen, wir begegnen einander in reiner Transparenz und im herangereiften Vollausdruck unserer Seelen.

Das ist die Entfaltung all unserer verschütteten und verborgenen Fähigkeiten, die wir ein Leben lang nicht anbringen konnten und zeitweise sehr darunter litten. Doch sind wir in den überwiegenden Fällen unwissend darüber, was in uns selber steckt, jeder ist ein Universum, das er selber gar nicht kennt, selbst unser Gefühlsvermögen ist begrenzt. Unser starkes Sehnen und alle Träume, die verrücktesten und ganz unmöglichen Ideen können eines Tages möglich werden, wenn die immer starke Geistseele den Auferstehungsleib trägt.

Möglicherweise sind wir jetzt – nach dem Bilde unserer Existenz im Mutterleib – noch ganz in uns zusammengefaltet und ahnungslos dämmern wir dahin, aber unserer neuen Geburt entgegen. Wir werden so sehr „anders" sein, dass wir umbenannt werden müssen: **„Einen weißen Stein will ich ihm geben und auf dem Stein geschrieben einen neuen Namen, den niemand kennt als der, der ihn empfängt."** (Off. 2, 17) Dieser Stein als Zeichen und Symbol unseres Wesens, das endgültig im Licht der Wahrheit steht und darin bleibt.

Den irdischen Namen gaben nicht wir uns, sondern andere, also kann es nicht „unser" Name sein. Von unseren Eltern bekamen wir das Leben als eine Erbschaft, ein Atavismus also mit allem Umfang und Gewicht. Damit der Mensch wirklich Mensch werde, muss er weiterwachsen und frei werden, er muss sich selber wollen und bewusst bejahen, so lauten Sinn und Ziel unserer Existenz. Reifung zur Selbsterkenntnis mit Hilfe dieses Körpers als Anleihe, die wir von den Eltern erhielten. Reifung durch zahllose Bewährungsproben, durch unser fortwährendes Wählen zwischen A und B, das wir als freie Wesen Tag für Tag vollziehen.

Insofern wird unser zukünftiges Wesen unser Werk sein, das ist unsere Pflicht und die Erwartung Gottes. So versteht man auch den Sinn der Bibelrede vom neuen Namen, der uns am Zielort unserer Reise von ihm ausgehändigt wird. Eine neue Wirklichkeit braucht einen anderen Namen, wir kennen das aus unserem weltlichen Bereich genau. Hier aber kein Umtaufen von außen, sondern unser Werk sind wir selbst, wir verantworten es allein, und jetzt ist es der Ausdruck einer ureigensten und unverwechselbaren Persönlichkeit, die wir uns geschmiedet haben.

Und unsere Seele? Ausgereift fallen wir als Frucht vom Baum, die Menschen nennen es Tod. Die vollständige Frucht löst sich vom Zweig, d.h. unsere Seele wird sich nicht auf nimmer Wiedersehen von diesem Leibe trennen, um als reiner Geist engelsgleich irgendwo zu existieren. So dachte Plato. Uns Christen wurde die Auferstehung AUCH des Fleisches, also der GANZEN Person zugesagt und wir glauben daran. Seele im Reinzustand und für sich allein, das gibt es nicht. Schon im Verb „animieren", wie im französischen Wort für Seele „âme", steckt ihre Funktion, sie animiert, sie belebt den Leib. Nachdem sich unsere Seele im Sterbeprozess vom alten Leib getrennt hat, baut sie unter dem Geleit himmlischer Kräfte, wie der hl. Bernhard es formulierte, an unserem neuen Leib, um ihn zu bewohnen, zu beleben. **„Die Seele ist nie ohne Geleit der Engel, wissen doch diese erleuchteten Geister, dass unsere Seele mehr Wert hat als die ganze Welt"** (Bernhard von Clairvaux).

Ich fasse zusammen: Im Gegensatz zur ersten Geburt, durch die der Mensch ein Erbe passiv empfängt, erlebt er sich nun nach seinem vollen Erwachen in einem neuen Leib, der seinem inneren „Volumen" zur Gänze angepasst ist und seiner Dimension entspricht. Erfahrungen von „Seligkeit im Jenseits".

Während der ersten Etappe, der irdischen Existenz, beginnend im Mutterleib, entfaltet sich die Seele langsam in diesem Leib, er ist zuerst da. In der zweiten Etappe, nach der Auferstehung, wird die Seele sich den entsprechenden Leib schaffen, den geistlichen Leib, **„gemacht nach ihrem Bild und ihrem Gleichnis“**. Er wird der Ausdruck des wahren Wesens dieses Menschen sein.

Der Tod entbindet uns von allem Druck, von allen Lasten und von manchem Leiden. Er trägt uns heraus aus der räumlichen und zeitlichen Bedrängnis. Unser Geistleib ist all dem enthoben, er schwingt und reagiert allein nun mit der Welt des Geistes und ist eins mit ihr. An die Dichotomie, den Widerstreit von Leib und Geist, besteht kaum noch Erinnerung. Der Mensch ist eins mit sich geworden und lebt fort in der Einfachheit eines mit sich selbst versöhnten Wesens. Auferstehung bedeutet das Sich-selbst-Geborenwerden, Auferstehung bedeutet die immerwährende Lichterfahrung nach einer langen Reise, nach einem lebenslangen Suchen und Träumen.

Weit entfernt davon, die Auferstehung für ein hypothetisches oder absurdes Gedankengebilde zu halten, stellt sie eine absolute Forderung der Vernunft dar, die sich als zwingende Logik geradezu aufdrängt und durchsetzt, um jeden Menschen das Ziel seines Lebens und seiner Humanität erreichen zu lassen.

Den erweiterten Sinn der Auferstehung beschreibt Paulus im dritten Kapitel seines Briefes an die Kolosser: **„Der neue Mensch wird nach dem Bilde seines Schöpfers erneuert, um ihn zu erkennen.“** Man achte auf die Schönheit dieser Worte und meditiere sie.

WEITERE BÜCHER VON HENRI BOULAD

in der Übersetzung von Hidda Westenberger

ALLES IST GNADE
Der Mensch und das Mysterium der Zeit

GOTTESSÖHNE, GOTTESTÖCHTER
Gelebte Existenzreligion

DIE VERNUNFT DES HERZENS
Wohin die Seele strebt

ORDNE DEINE TAGE IN FREIHEIT
Selbstverwirklichung und Erlösung

DIMENSIONEN DER LIEBE
Persönliche Aufzeichnungen

JESUS IN DIESEN TAGEN
Zwölf moderne Gleichnisse

DER MYSTISCHE LEIB
Kosmischer Zugang zur Eucharistie

STARKES TUN, STÄRKERES SEIN
Leid und Sendung der Frau

IM LICHT DER HINWENDUNG
Vorträge vor Geistlichen

DIE TAUSEND GESICHTER DES GEISTES

SAMUEL SAMUEL!
Alexandrinische Predigten

MYSTISCHE ERFAHRUNG UND
SOZIALES ENGAGEMENT